Para Trás e Para Frente

Coleção Debates
Dirigida por J. Guinsburg

Equipe de Realização – Tradução: Leila Coury; Revisão: Luicy Caetano de Oliveira; Produção: Ricardo W. Neves e Sergio Kon.

david ball
PARA TRÁS E PARA FRENTE

UM GUIA PARA LEITURA DE PEÇAS TEATRAIS

PERSPECTIVA

Título do original inglês
Backwards & Forwards

Copyright © 1983 by the Board of Trustees, Southern Illinois University

Dados Internacionais de Catalogação na Publicação (CIP)
(Câmara Brasileira do Livro, SP, Brasil)

Ball, David, 1942- .
    Para trás e para frente : um guia para leitura de peças teatrais /
David Ball ; [tradução Leila Coury]. – 2. ed. 1. reimpr. São Paulo :
Perspectiva, 2014. – (Debates ; 278 / dirigida por J. Guinsburg)

    Título original: Backwards and forwards.
    ISBN 978-85-273-0207-4

    1. Leitura - Compreensão 2. Peças teatrais 3. Shakespeare,
William, 1564-1616 - Técnica 4. Teatro - História e crítica 5. Tea-
tro - Produção e direção 6. Teatro - Técnica I. Guinsburg, J. II.
Título. III. Série.

05-0113   CDD-808.2

Índices para catálogo sistemático:
1. Peças teatrais : Leitura : Literatura 808.2

2ª edição – 1ª reimpressão
[PPD]

Direitos reservados em língua portuguesa à

EDITORA PERSPECTIVA LTDA.

Av. Brigadeiro Luís Antônio, 3025
01401-000 São Paulo SP Brasil
Telefax: (11) 3885-8388
www.editoraperspectiva.com.br

2019

SUMÁRIO

Apresentação – *Nanci Fernandes* 9
Prefácio – *Michael Langham* 13
Introdução 17

PRIMEIRA PARTE
A FORMA

1. O que Acontece e Faz com que Outra Coisa
   Aconteça?. 25
2. E o que Acontece Depois?. 29
3. Mas Faça-o para Trás. 33
4. Estase e Intrusão 39
5. Obstáculo, Conflito 47
6. Ignorância é Bem-Aventurança 57
7. O que é Teatral 61

SEGUNDA PARTE
OS MÉTODOS

8. Exposição 67
9. Para Frente – Avidez pelo que Vem Depois 73
10. Ausência das Pessoas (personagem) 91
11. Imagem 101
12. Tema 111

TERCEIRA PARTE
SEGREDOS E TRUQUES DO OFÍCIO

13. Informação Contextual (*Background*) 117
14. Confiando no Dramaturgo 119
15. Famílias 121
16. Efeito Generalizado – Tom, Atmosfera 123
17. O Fator Único 125
18. Mudança de Épocas 127
19. Clímax 131
20. Começos/Fins 133
21. Releituras 135
22. E o que Vem Depois? 137

APRESENTAÇÃO

É possível ensinar-se a escrever peças de teatro? Ou, em outras palavras: existe algo que se possa aprender além da vivência e da prática de ler e ver teatro?

Estas são algumas das questões que estão na raiz de minha entrada no Curso de Dramaturgia e Crítica da Escola de Arte Dramática. Desde então, outras questões se acrescentaram à minha pesquisa sobre o que é *bom teatro* – neste aspecto visto não apenas sob um critério puramente estético-literário, mas igualmente sob o enfoque de sua carpintaria, da estrutura propriamente dita do texto teatral. Se Shakespeare, por exemplo, é um dos paradigmas do bom teatro, é impossível negar-se também a excelência das peças de um Feydeau ou de um Labiche. Há um lugar específico na arte teatral em que nenhuma outra arte penetra ou se lhe aproxima. Este lugar específico é o da estrutura do texto e de suas convenções.

O gênero dramático não se situa nem no subjetivismo da lírica – embora possa dela emprestar traços ou aspectos – e nem na historicidade da narrativa épica – da qual, na Idade Média e modernamente (Claudel e Brecht), muito se aproximou e hauriu para temperar a sua configuração de mundo.

Teatro, no dizer de Aristóteles, é a mais política de todas as artes porque se situa no espaço em que os homens vivem *em relação*. Quer isto dizer que, no exato momento em que esta relação revive – no aqui e agora do presente – o teatro acontece e se configura enquanto tal. Nem antes no passado e nem depois no futuro. O teatro não é a arte do possível ou do imaginável: é a arte do viver enquanto ele dura.

Tais reflexões vêm-me à mente ao reler a excelente tradução que Leila Coury fez da obra de David Ball. Como professora de alunos-atores, por muito tempo ela perseguiu a questão: *é possível ensinar o ator a* VER *e a* ENTENDER *teatro?* Quando sua sobrinha presenteou-a com *Backwards and Forwards* para subsidiar suas dúvidas, a professora de "Introdução ao Teatro" da Escola de Arte Dramática fez de sua tradução mimeografada do livro a base de suas aulas até o fim de sua carreira como professora de teatro – para proveito dos alunos-atores que a utilizaram ininterruptamente até o momento, na falta de sua edição em livro. Situação que está sanada com a presente publicação.

Neste ponto, cabe um rápido esboço do perfil de Leila Coury (1919-1999): formada em Letras Clássicas e Português, ela se aposentou como professora secundária e Inspetora Federal de Ensino. Sua trajetória na Escola de Arte Dramática iniciou-se logo após a fundação desta por Alfredo Mesquita em 1948 e continuou na transferência da EAD para a USP em 1968, onde lecionou até 1990. Como se vê, mais de 40 anos dedicados ao ensino de teatro.

Sua ida para a EAD prendeu-se à necessidade, na época, de um curso de Português na Escola, o qual em 1952 incorporou como seu eixo o tema da Mitologia Grega. No entanto, anos afora a Profª. Leila supriu no seu curso as necessidades de matérias que desbordavam da grade horária e cujo ensino ela prazeirosamente aceitava: História da Arte, Linguística,

Literatura Dramática etc. – esta última, tendo sido a que motivou seu interesse por *Backwards and Forwards*.

Dizer-se que *Para Trás e Para Frente*, de David Ball, dispensa a consulta sistemática, pelos especialistas, às obras de base da Dramaturgia Ocidental, é exagerar em direção àquilo que a obra não se propõe. Para quem queira aprofundar-se na literatura dramática, é óbvio que o caminho a trilhar parte de Aristóteles e paulatinamente deve chegar aos teóricos modernos – no Brasil, por sinal, contamos com obras interessantes, como, entre outras, as de Augusto Boal e Renata Pallottini.

Por outro lado, levando-se em conta a debilidade histórica, no Brasil, de autores dramáticos no que tange à carpintaria teatral – salvo as exceções do passado e os bons dramaturgos modernos que revitalizaram o teatro entre nós – assim como, considerando-se principalmente a nossa juventude teatral – que nos coloca na categoria de aprendizes interessados e diligentes – eu diria que *Para Trás e Para Frente* constitui-se numa excelente ferramenta de trabalho. Entender e interpretar ou encenar um texto teatral é uma tarefa *sui generis* que, evidentemente, não dispensa o talento e a técnica. Por isso, é no apoio desta técnica que se encaixa o livro de David Ball: a partir de sua adequada utilização pode-se afirmar que, tão importante como ver e fazer teatro, é dominar as suas técnicas. É neste sentido estrito e com estas ressalvas que este livro deve ser encarado.

Nanci Fernandes
Escola de Arte Dramática-USP

PREFÁCIO

Muitos de nós, aliás a maioria, que lemos textos teatrais, procuramos imaginá-los levados à cena. Mas nem todos: foi o que descobri, quando tive o privilégio de trabalhar em Londres, no Birmingham Repertory Theatre, com Sir Barry Jackson. Foi talvez o último dos grandes patronos do teatro britânico, além de ter sido um homem de certa excentricidade. Bem, quando ele assistia a uma peça, o que ele procurava era imaginá-la de volta ao livro.

Recentemente, tive oportunidade de pôr à prova essa abordagem ao texto, de certo modo, bizarra. Fui convidado a emitir opinião sobre a produção de *Blithe Spirit* (*Espírito Jovial*)* de Noel Coward, que já estava encenada e sendo representada para o público. Não havia lido o texto, mas sentado ali na plateia por três dias, esforcei-me por detectar quais intenções do autor haviam sido perdidas ou haviam

---

* No Brasil, a peça foi apresentada pela Cia. Dulcina e Odilon, com o título *A Mulher do Outro Mundo*. (N. da T.)

sido escamoteadas pela produção, isto é, procurei trazer de volta o texto original. Fiquei surpreso ao descobrir que, para apreender o sentido de uma peça, o método de Sir Barry é de imediato, bem mais efetivo que o método normal a que David Ball se propõe neste livro, aliás de real utilidade; todavia, o método de Sir Barry exige que a peça já esteja encenada.

A utilidade de *Para Trás e Para Frente* reside no fato de revelar um texto, não apenas como literatura, mas como a matéria-prima para a representação teatral – às vezes, com características estruturais que o tornam comparável a uma partitura musical. Há uma total diferença entre o mundo da literatura e o do drama. Som, música, movimento, aspectos dinâmicos de uma peça – e muito mais – devem ser descobertos na profundidade do texto , e ainda , não podem ser detectados por métodos de leitura e de análise estritamente literários. Examinar o conteúdo deste pequeno livro é como examinar o conteúdo da caixa de ferramentas de um dramaturgo, com a intenção de descobrir os instrumentos específicos de sua arte. Para quem se inicia na leitura de peças de teatro *Para Trás e Para Frente* oferece métodos de tal modo abrangentes, que incorporam tudo que é realmente útil à leitura de peças. Para o leitor de maior experiência – o mesmo para os de muita experiência – há, sobre a natureza do texto teatral, orientações e esclarecimentos que podem proporcionar futuras incursões no gênero, não só mais ricas mas também mais pessoais.

Michael Langham
The Juilliard School

Então se mudou o semblante do rei, e os seus pensamentos o turbaram: as juntas dos seus lombos se relaxaram e os seus joelhos bateram um no outro.

E clamou o rei com força, que se introduzissem os astrólogos, os caldeus e os adivinhadores, e falou o rei, e disse aos sábios da Babilônia: "Qualquer que ler esta escritura, e me declarar a sua interpretação, será vestido de púrpura e trará uma cadeia de ciro ao pescoço".

DANIEL, 5, 6-7.

POLÔNIO – Que estais lendo, meu Senhor?
HAMLET – Palavras, palavras, palavras.
POLÔNIO – Qual a questão, meu Senhor?
HAMLET – Entre quem?
POLÔNIO – Quero dizer, a questão sobre que estais lendo,
meu Senhor.
HAMLET – Calúnias, senhor; [...] pois vós mesmo, senhor,
havíeis de chegar à minha idade [...] se pudésseis retroceder como um caranguejo.
(Põe-se a ler novamente.)
POLÔNIO – (à parte) É loucura, mas há método nela*.

Hamlet, Ato II, Cena 2, 193-208.

---

* As traduções dos excertos de *Hamlet* são de Péricles Eugênio da Silva Ramos, e sua inclusão nesta tradução, foi autorizada pelo autor, em vida, diretamente à tradutora. (N. da T.)

INTRODUÇÃO

Este é um livro para aqueles que levam à cena peças de teatro: atores, diretores, cenógrafos, figurinistas, técnicos e dramaturgos. (Também para aqueles que leem teatro, pela leitura em si mesma, mas desde que concordem que o objetivo de um texto é o de ser encenado; diretamente, porém, o livro destina-se àqueles que encenam uma peça. Quanto aos demais, sempre podem, é claro, passar os olhos.)

Um texto não é uma prosa narrativa em forma dialogada, simplesmente. É modalidade da linguagem escrita, que depende extremamente de métodos e de técnicas específicas para o teatro.

As técnicas deste livro o ajudarão a ler analiticamente, a fim de discernir como *funciona* uma peça. A preocupação primordial não será "o que significa a peça", pois, para o artista ou técnico de teatro, mais importante do que saber que horas são, é fundamental saber o que faz o relógio funcionar. Quanto a você, procure não começar tentando encontrar o significado do texto, deve, primeiro, compreender o seu funcionamento.

Antes de encenar uma peça, comece por entender-lhe a mecânica e os valores. Se não estiverem bem claros para você, todos os seus esforços se perderão, pois, não há como torná-los claros a um público. Teatro é um acordo, uma combinação de artistas e de técnicos, e de um texto. Você não pode entrar em combinação com aquilo que não entende.

No entanto, os estudantes de teatro pararam de ler peças. Continuam a passar os olhos por elas, até leem páginas, mas poucos têm uma ideia, por menor que seja, do porquê. Por isso, atores há que não têm força (garra), não obstantes talento e treino sofisticado. Cenógrafos e figurinistas adquirem noções, não conceitos. Dramaturgos nem se dão conta de por que o fantasma do pai de Hamlet não diz uma palavra até a Cena 5, nem têm ideia do que se diz sobre típicas décadas de trivialidades. E diretores, esses *fazem marcações*, nada mais.

O artista de teatro que apreende pouco do texto, coloca pouco no palco. Assim, há legiões dos que "pretendem ser" mas cuja carreira jamais pode receber o nome de atuação. Do nada, afinal de contas, nada provém.

Este livro trata de técnicas para a leitura de textos. A verdade é que a técnica nem sempre é bem aceita pelos estudantes. Todavia, do mesmo modo que a atuação inspirada, a cenografia e a direção dependem do domínio da técnica, assim também a leitura inteligente e imaginativa do texto dela não prescindem. Inspiração sem técnica – se é que isso existe afinal – não passa de pendor. Se o que você possui é só inspiração, ela o abandonará quando mais dela precisar.

Este livro apenas descreve técnicas. De sua parte, você deve contribuir com inspiração, inteligência, imaginação que não podem ser ensinadas, nem sobre elas se pode discorrer. Mal podem ser descritas. A técnica, ao contrário, emerge com mais possibilidades e o conduzirá nas inevitáveis e frequentes situações em que se ausentarem a inspiração, a inteligência e a imaginação.

A técnica, como qualquer bom instrumento de trabalho, não opõe limites aos resultados a serem obtidos. É verdade que não existe uma única interpretação "correta" de uma boa peça; mas técnicas eficazes de leitura ajudam a garantir que a interpretação seja válida e de valor teatral.

A análise do texto exige muito trabalho – pelo menos, tanto trabalho quanto qualquer outro que se realiza no teatro. Mas, se você contar com a técnica e com a leitura cuidadosa e correta dos textos, seu valor no mercado de trabalho terá uma chance competitiva. Se ator, você transporá facilmente a leitura de textos para distribuição de papéis, numa única oportunidade, tentativa. Cenógrafo, você fará cenografia e não decoração de peças. Diretor, você *será* um diretor de fato – não um assistente de empresário de teatro – e será contratado na primeira entrevista por produtores cônscios de seu valor. E dramaturgo, você poderá descobrir como produzir um texto para um público que não aquele de cursos de língua.

Neste livro, muitas e muitas vezes se farão referência a *Hamlet* de Shakespeare. Leia *Hamlet* e tenha-o à mão, quando ler este livro – *Para Trás e Para Frente*. Far-se-ão referências a muitas outras peças. Se você não as conhece, considere cada primeira referência como um compromisso de leitura posterior. Não se faça enganar, ignorando-as ou folheando-as ligeiramente. Haverá sempre muita gente observando seu trabalho no teatro (se você vier a tê-lo), para que possa aí sobreviver, sendo um preguiçoso.

Depois de ter dominado as técnicas de leitura, nenhum texto o intimidará. E você usufruirá de um prazer especial, com a leitura dirigida e habilidosa do texto. Uma leitura artesanal em nada se parece com o cansaço gerado por uma leitura imbecilizada. Infelizmente, a verdade é que esta leitura artesanal nem sempre é encontradiça.

Uma Palavra sobre Termos

Clímax, ponto de ataque, solução, ação ascendente, ação descendente, e os termos de Aristóteles – *argumento, caráter* (personagem), *pensamento*, juntamente com uma miríade de outros termos refletem um grande número de abordagens do texto.

Não há uma completa concordância quanto ao significado desses termos; e o acordo se torna menor quando se trata de aplicá-los na análise do texto teatral. Se isso não os invalida, é preciso ficar precavido. Por exemplo, o clímax significa o ponto mais alto de envolvimento emocional? Que envolvimento emocional? Dos espectadores ou das personagens da peça? Ou significa totalmente outra coisa: o ponto em que a ação muda de direção? Os dois significados não supõem sempre a mesma coisa. Uma discussão a respeito do clímax, sem antes definir nosso uso particular do termo, será confusa e enganosa. Uma vez definido o clímax, você precisa saber como encontrá-lo – e é por isso que você necessita de instrumento de análise mais específico.

É fácil dizer, com Aristóteles, que os principais elementos da peça são: argumento (fábula) – caráter (personagem) – pensamento. Acontece, porém, que tais elementos são resultados e não primeiros passos. Constituem os elementos da peça que é preciso encontrar e *não como encontrá-los*. Este livro trata do *como*.

O enredo (argumento, fábula) de uma peça é produto de outros elementos. A personagem, particularmente no drama, não é o ponto onde começa a análise, mas onde termina. No palco, como na vida real, uma personagem é amorfa, mutável, intangível. Compreender uma personagem requer a análise de seus componentes – concretos e palpáveis componentes.

E o *pensamento*: nem pense no pensamento de uma peça, sem antes compreender os elementos concretos de que ela se compõe. Este livro trata dos elementos concretos.

Enredo-personagem-pensamento – e o resto – são termos úteis para descrever alguns dos resultados de uma análise cuidadosa. Mas, em geral, não proporcionam os melhores meios para chegar a eles.

Porque cada leitor deve extrair definições próprias sobre os termos existentes, porque a maior parte dos termos descreve resultados e não métodos, e porque muitos termos descrevem o vago e o amorfo – este livro usará os termos, em meios cuidadosamente definidos. Entendendo os termos *tais como são usados neste livro*, você estará a meio caminho da compreensão dos métodos que ele contém.

A análise de texto é uma tarefa que exige exatidão. Seus termos são as ferramentas de que você dispõe, já que o que você deseja é não duvidar da precisão da natureza de suas ferramentas. Se você não pode distinguir um martelo de um machado, você mal conseguirá construir uma casa. Nem conseguirá derrubar uma árvore.

PRIMEIRA PARTE - A FORMA

1. O QUE ACONTECE E FAZ
COM QUE OUTRA COISA ACONTEÇA?

Em primeiro lugar, meu bom Peter
Quince, conta-nos do que trata a peça...

Sonho de uma Noite de Verão, 1.2.8.

Uma peça é uma série de *ações*. Uma peça não *trata da* ação e nem *descreve* a ação. Por acaso o fogo trata das chamas? Descreve as chamas? Não, o fogo são as chamas. Uma peça é ação.

Por que razão você pensa que os atores se chamam *ato*res?*

Então, o que vem a ser ação? Na análise de texto, a ação é uma entidade muito especial. *A ação ocorre, quando acontece algo que faz com que, ou permite que, uma outra coisa aconteça.* A ação são "duas coisas acontecendo"; *uma conduzindo*

---

* No inglês, *act*ors. (N. da T.)

à outra. Alguma coisa causa a ação ou permite que outra coisa aconteça. Eu solto meu lápis (metade de uma ação); ele cai no chão (a outra metade da ação). Juntos, esses dois eventos relacionados constituem uma ação.

Se eu disser "Como vai?" é metade de uma ação. A outra metade é a sua fala, "Bem, obrigado". A primeira metade conduz à segunda; as duas compõem uma ação.

A gasolina em uma Mercedes não é ação, nem a natureza do carro (seu caráter): forma, configuração mecânica, especificações, cor, assentos estofados de pele animal. Uma Mercedes tem a ver com uma ação apenas quando se move – apenas quando vai de um lugar para outro.

A primeira coisa, pois, a descobrir é como uma peça caminha de um lugar a outro. Encontre o primeiro *evento* de cada ação, depois o segundo, e daí, a conexão entre os dois. A caminhada de uma peça está contida em suas ações; chegar lá é a metade do prazer. Uma boa peça leva-nos a uma viagem de primeira classe, champanha incluído, companheiros interessantes, serviço memorável. Uma peça má é um ônibus de Calcutá. Mas tanto em uma como na outra, é preciso conhecer conexão por conexão entre os eventos, do começo da peça para diante (ou, como veremos, precisamente no outro caminho, o de volta).

Experimente-o. Leia cada uma das cenas de *Hamlet*. Descubra sua caminhada. *O que acontece e faz com que outra coisa aconteça?* Para começar, não se preocupe com nada mais.

O que é que acontece e leva uma outra coisa a acontecer? Se você conseguir responder a isso, para um dos eventos de *Hamlet*, você estará adquirindo mais conhecimentos sobre a peça do que conseguirão revelar anos de seminários e estantes de livros. E você começará a dominar a peça por si mesmo, em seus próprios termos. Isso é fundamental, se você pretende fazer alguma coisa com a peça além de apenas refletir sobre ela.

Se eu (1) irromper em seu quarto, gritando que o prédio está pegando fogo, e você (2) sair correndo para defender sua vida, isso é uma ação.

Se você (1) sair correndo para se salvar, deixando-me livre para (2) roubar sua coleção de selos, isso é outra ação.

Se eu (1) roubar sua coleção de selos e depois, se eu (2) a vender, isso ainda é uma outra ação.

Roubar sua coleção de selos não é ação, enquanto eu não a vender. Um evento requer um segundo evento, com ele relacionado. De que outro modo poderia ele ser uma parte da progressão de uma peça?

Um evento sem um segundo evento a ele relacionado, isto é, sem efeito, sem resultado, não passa de um texto inadequado ou, mais provavelmente, de uma leitura inadequada do texto teatral. Na vida real ou no palco, eventos não relacionados são irrelevantes. Sem considerar o que ocorre na vida comum, é dificílimo tornar uma irrelevância teatralmente viável.

Se eu faço algo que leva você a fazer algo, juntos nós dois temos uma ação. Se eu disparar uma arma contra você, e se você cair em um monte mortal, temos uma ação. Sua primeira tarefa, ao ler uma peça, é encontrar ação por ação: descobrir o primeiro evento de cada ação (seu *detonador*), e então o seu correlato, segundo evento (*monte* – que serve de alvo). Ambos têm de estar lá. Para cada detonador há um monte e vice-versa.

De instante a instante, de momento a momento, do começo ao fim da peça, o dramaturgo elabora uma *série* de ações: detonador e monte, detonador e monte. Encontre-os todos.

ENFOQUE: *Um evento é algo que acontece. Quando um evento causa ou permite outro evento, os dois eventos juntos formam uma ação. As ações são os tijolos fundamentais na construção de uma peça.*

2. E O QUE ACONTECE DEPOIS?

E seguir-se-á como a noite segue o dia.

Hamlet, 1.3.79.

Cada detonador conduz a um novo monte. (Cada evento causa ou permite um segundo evento.) Isso é uma ação. Mas agora, o monte, o segundo evento, se torna um detonador – um novo primeiro evento de uma nova ação.

Um primeiro evento: o fantasma do pai de Hamlet conta sua história terrível (1.5). O segundo evento: Hamlet promete solenemente consagrar-se à vingança. Leia a cena, a fim de descobrir a conexão entre os dois eventos. A seguir, verifique como o segundo evento se torna o primeiro evento da ação seguinte (como o monte se torna detonador). O voto de vingança de Hamlet leva a um novo monte: Hamlet exige segredo de seus companheiros.

Qual é a nova ação? Primeiro evento: Hamlet exige segredo de seus companheiros. Segundo evento (o que

Hamlet faz a seguir): age de modo estranho em relação a Ofélia. Se você descobrir como o segundo evento (monte) desta ação se torna o primeiro evento (detonador) da ação seguinte – isto é, se você descobrir o que Hamlet pode fazer como consequência de seu estranho comportamento em relação a Ofélia – você estará no caminho certo, em direção ao âmago do texto. Você ainda tem um tempo disponível para suas próprias interpretações, mas com certeza não se desviará da peça.

Se você conseguir descobrir essas conexões entre os eventos, você será capaz de levar o espectador, passo a passo, de evento a evento conectado, de ação a ação, diretamente ao monte de corpos do fim da peça. Entretanto, se não conseguir, então não importa nada do quanto você entende de personalidade, de sentido ou de Freud ou de cosmovisões ou de filosofia – a verdade é que você não conseguirá encenar a peça. Infelizmente, é raro que isso detenha alguém de tentar.

Faça uma experiência: coloque de pé uma peça de dominó; e atrás coloque outra. Empurre a primeira peça para diante, e ela, se estiver colocada corretamente, derrubará a segunda.

Uma peça se assemelha a uma série de dominós. Um evento detona o segundo e assim por diante. De início, ler uma peça desse modo é difícil como aprender a desengrenar a primeira marcha de um carro. Na realidade, não é nada fácil aprender a sair em primeira. Só a prática ensina qualquer técnica que valha a pena vir a dominar. Não se engane com o talento que você pensa ter, saltando essa primeira etapa. Ela é o alicerce.

Observe os dominós. Eu irrompo em seu quarto, gritando "fogo!" Você foge em pânico. Eu pego sua coleção de selos. Eu vendo a coleção de selos a dinheiro, na casa de penhores. Eu dou dinheiro ao médico para pagar a operação de meu filhinho. O doutor operou, ...até o monte de corpos ou até o casamento, no último ato.

Às vezes, a trilha do dominó se divide e se torna múltipla. (Um detonador conduz a dois ou mais montes simultâneos.)

Não há por que estabelecer confusão, se você examinar os caminhos separadamente – dominó por dominó, ressaltando a conexão entre os dominós adjacentes. Analisando desse modo, nenhuma complicação de enredo o vencerá.

A chave é o dominó *adjacente*: a colisão de cada dominó com aquele que vem imediatamente após. Jamais salte um passo. Se você não conseguir encontrar a sequência entre um dominó e o seguinte (por que e como alguém comete o lapso seguinte), então há um problema, com o texto ou com a leitura. Um dos dois casos é possível; pelo menos foi localizado o problema e esse é o primeiro passo para resolvê-lo.

A análise de dominós consecutivos, dominó por dominó, ajudá-lo-á a evitar escolhas enganosas sobre a peça. Por exemplo: gerações de bem-intencionados comentadores pretendem que Hamlet é incapaz de ação. Todavia, um exame já dos dois primeiros atos, dominó por dominó, revela Hamlet desencadeando mais ação direta que muita gente consegue em um ano. Como esses comentadores são ofensivos ao próprio Poeta! Poderia Shakespeare querer que seu público gastasse horas observando uma personagem fazer coisa nenhuma? Porque é isso que faz uma pessoa incapaz de ação: nada.

Se ao menos esses comentadores soubessem o que vocês sabem agora, eles veriam que Hamlet faz quase tudo, e *jamais* coisa nenhuma. A análise sequencial da ação é a porta à compreensão da peça e proteção contra interpretação errada.

ENFOQUE: *Uma ação é constituída de dois eventos: um detonador e um monte. Cada monte se torna um detonador da ação seguinte, de modo que as ações são como dominós, tombando cada um sobre o próximo. A análise sequencial significa seguir a peça do começo ao fim, dominó por dominó.*

3. MAS FAÇA-O PARA TRÁS

*Vamos, vamos, seus teimosos
e impotentes vermes...*

A Megera Domada, 5.2.169.

Eu posso entrar no seu quarto, mas não *preciso* gritar "fogo". Em vez disso, posso apunhalar-me, dar uma estocada com o dedo do pé, ou ler um livro, ou elogiar seus sapatos. Tudo isso diz respeito ao livre arbítrio. Mesmo eu gritando "fogo!", nada predetermina que você saia correndo do quarto. Em vez disso, você pode atirar seus selos pela janela para colocá-los a salvo, e em seguida chamar o corpo de bombeiros.

Um exame dos dominós, apenas quando se movem *para a frente* através da peça, abre caminho para o arbitrário. Você (1) entra numa livraria, (2) procura a estante de livros sobre teatro, (3) pega um livro, (4) paga-o, e (5) sai. Mas você poderia ter entrado (1) na livraria e (2) encontrado o balcão de balas. Ou você poderia ter (2) visto um lugar cheio de livros e (3) ter saído, desapontado. Poderia mesmo ter apanhado esse livro, mas em vez de pagar por ele, poderia tê-lo escondido sob seu livro de ética e ter-se esgueirado sorrateiramente. E poderia ter saído com ele, ou não. A vida *continua*; caminha *para a frente* – mas nunca de modo previsível.

Só quando se olha para os eventos na ordem inversa é que se pode, com certeza, saber como caem os dominós, qual o que cai sobre o outro. O fato de você (4) parar, diante da caixa registradora para pagar por este livro, supõe que você (3) o tenha encontrado.

Caminhar para a frente proporciona possibilidades imprevisíveis.

Caminhar para trás evidencia aquilo que é necessário.

O presente requer e revela um passado específico. Um evento determinado e identificável localiza-se imediatamente antes de outro evento qualquer. Mas quem pode afirmar o que vem a seguir? Pode ser qualquer coisa. A próxima coisa que você vir pode ser o parágrafo seguinte ou um homenzinho de Marte. Você só pode ter certeza absoluta quando olhar para trás.

O exame dos eventos para trás garante a ausência de lacunas na compreensão do texto. Se for encontrado um evento que não possa ser conectado a um evento anterior, com certeza há um problema a resolver, seja ele do leitor ou do escritor.

Examine na ordem inversa os eventos de *Hamlet*. Não se queixe de ser muito difícil e de exigir muito tempo: se fazer teatro fosse fácil, não haveria nada de extraordinário em se ter sucesso nele.

Comece pelo fim do Ato V. De onde vem esse monte de corpos? Tomemos um, por exemplo, aquele com a coroa virada e o ferimento de espada. Ele deveria ter sido o rei. Cláudio está morto, um dominó tombado. O que o derrubou? Não – "O que poderia tê-lo matado, desde o começo?", mas – "O que o matou *precisamente agora*?" O que era adjacente? Não foi Hamlet? Mas o que tinha *acabado de* acontecer a Hamlet?

Muitas coisas tinham acontecido a Hamlet, mas apenas uma tinha *acabado de* acontecer. Entre as muitas, por exemplo, um fantasma havia falado com Hamlet, mas isso acontecera alguns atos antes. E Hamlet lutara com piratas (nada mau para um homem incapaz de ação), mas isso também aconteceu há muito tempo. Nem os piratas nem o fantasma foram o dominó que derrubou Hamlet sobre o rei. *Um dominó pode cair apenas sobre o dominó seguinte, adjacente a ele – nenhum outro,* precisamente como acontece com dominós reais.

Observe o dominó adjacente. Não salte nada.

Qual é o dominó adjacente, imediato, antes que Hamlet ataque Cláudio com a espada? Está na fala de Laerte?

> Hamlet, tu estás morto.
> Remédio algum no mundo pode te salvar:
> Meia hora de vida não terás sequer.
>
> 5.2.313-315

Que peça espantosamente clara! Como pode ela confundir alguém? Qual a necessidade de investigação ou filosofia convoluta, enrolada? Em menos de vinte palavras, Hamlet é informado ambiguamente, três vezes, de que está prestes a morrer. Mas esse não é exatamente o dominó adjacente que está localizado bem antes de Cláudio ser ferido. Se o dominó detonador fosse o fato de Hamlet ter descoberto que estava prestes a morrer, ele teria atacado Cláudio com a espada, de imediato. Mas ele não o faz; ele ainda não tinha a deixa para agir. Afortunadamente, Laerte continua:

> Está em tua mão o pérfido instrumento,
> Agudo e envenenado. A vil maquinação
> Voltou-se contra mim, pois, vede, aqui tombei
> Para jamais me levantar.
>
> 5.2.316-319

Ninguém necessita de uma nota de rodapé para compreender que Laerte também está morrendo. Mas Hamlet ainda não mata Cláudio. Ainda falta o dominó que faz de Hamlet um regicida e um vingador. Laerte continua a falar, mas ainda dominó algum sequer oscila. O suspense produz efeito: o dominó nunca tombará?

A tua mãe
Foi mesmo envenenada – já não posso mais.

5.2.319-320

Agora todos os espectadores sabem que se Laerte nada mais disser, não haverá mais dominós, e portanto – não haverá monte. Mas, vem aí o dominó. Nada sutil. Shakespeare, como sempre, entrega-o, explode-o para nós. Laerte diz:

O Rei, o Rei é que possui a culpa disso.

5.2.320

Nesse momento, não antes, Hamlet faz o que esteve a ponto de fazer desde o início: ele mata o rei. O assassínio aguardou o dominó certo, e o dominó só poderia cair depois que algum dominó precedente caísse antes. E assim por diante, pelo caminho inverso, *de volta* ao começo. Retrocedendo, a partir do monte de corpos, encontra-se facilmente o dominó que se precipitará.

Tente. Que quedas de dominó fazem com que Laerte enuncie a fala acima citada ("Hamlet, tu estás morto")? É o fato de ele estar mortalmente ferido? E que dominó tombado o feriu mortalmente? Você só pode começar a atuar, a dirigir, a coreografar Laerte se você tiver rastreado seus dominós ao inverso, até seu primeiro envolvimento na peça. E, enquanto você não fizer o mesmo em relação a Hamlet, você não fez uma leitura da peça que valha a pena.

Há muito pouco em *Hamlet* que uma pessoa normal de quinze anos não possa examinar a fundo. Experimente. Caminhe pelas sendas, por onde homens experimentados trilharam com precaução: investigue o próprio Hamlet. Trabalhe nele para trás, dominó por dominó, fala por fala, ação por ação, evento tombado por evento tombado. Chegue finalmente até ao verdadeiro começo de sua ação: o Fantasma impelindo-o à vingança. (Ato I, Cena 5)

A complexidade e a profundidade da peça podem desdobrar-se diante de você, sem notas explicatórias de rodapé; sem confusão. Você pode tranquilamente compreender cada unidade da peça, através das etapas simples e claras oferecidas por Shakespeare.

Mas, lembre-se: não dê saltos largos. Procure o precedente dominó *adjacente*. Não omita os elos. Hamlet não mata Cláudio porque o Fantasma falou com ele no Ato I, Cena 5. Hamlet mata Cláudio devido ao que Laerte lhe diz, um momento antes do assassínio. De tais elos adjacentes, a vida – e o drama – se faz.

ENFOQUE: *A análise sequencial de ações é mais vantajosa quando feita para trás: do fim da peça para o começo. Sua melhor garantia é compreender por que cada coisa acontece.*

4. ESTASE E INTRUSÃO

Mas façam o que quiserem,
não arredarei o pé daqui!
Sonho de uma Noite de Verão, 3.1.121-122.

Estase é imobilidade: uma condição de equilíbrio entre várias forças; uma permanente quietude: uma imutável estabilidade; um estado em que todas as forças se equilibram entre si, e que resulta em falta de movimento.
Intrusão é um empurrão, arremetida, compulsão.

Na estrutura de um texto, os dominós são átomos. Agora, vamos retroceder, a fim de expandir nossa visão de átomos para planetas.

A trajetória de uma peça traça o movimento do mundo. O mundo pode ser um castelo real na Dinamarca, ou o ponto mais alto de um monte de entulho, ou a Escócia em tumulto, ou a Inglaterra dividida em três, ou a sala de George e de Marta em uma pequena cidade universitária, ou Tebas assolada por uma peste.

No início, o dramaturgo apresenta o mundo em *estase*.
Hamlet apresenta a Dinamarca, muito tempo atrás, no palácio do Rei. Há um príncipe chamado Hamlet. Ele se sente infeliz porque seu pai morreu recentemente e sua mãe tornou a casar-se, cedo demais. Essa é a situação estática. Nada mais está em mudança. O equilíbrio de todas as forças envolvidas produziu um novo soberano complacente, um príncipe melancólico, uma mãe preocupada. Nenhum deles tem razão suficiente para tentar mudar a situação. É uma estase absoluta – mas algo está por vir, aguarde.

Édipo-Rei apresenta Tebas, na Grécia, muito tempo atrás, diante do palácio do rei. O rei está no interior, provavelmente dormindo com sua mulher. Fora, o povo sofre com a peste. Essa é uma situação estática. Mesmo que a peste se torne insuportável e impile o povo a implorar por socorro, esse mundo também é imóvel: sem motivo, razão ou deixa para a mudança. É uma absoluta estase.

Macbeth apresenta a Escócia, muito tempo atrás, quando um mui nobre e leal barão serviu corajosamente seu rei em batalha e está prestes a ser homenageado e recompensado. Sua sede de ambição, posta à prova, está respeitosamente contida (isto é, *equilibrada*), por sua lealdade à coroa e à lei. Encontramo-nos no meio de uma estase segura, prudente.

Rei Lear apresenta a Inglaterra, muito tempo atrás, no castelo do rei. O velho rei, pronto para abdicar, providenciou um meio de passar seus encargos, dividindo o reino entre suas três filhas. Uma cerimônia pública está sendo preparada, para o rei demonstrar que suas três filhas lhe são extremamente devotadas. Essa é a situação estática. Sem um fato inesperado, essa situação permanecerá previsível, *imutável*: estase.

Quando Lear perguntou a sua filha Cordélia o que ela tinha a dizer para demonstrar o quanto amava seu pai, respondeu:

Nada, meu senhor.

1.1.87

A estase está rompida. Lear, a princípio, ficou perplexo; depois, magoado; a seguir, enfurecido, nesse ponto de sua ira, a peça *já* está em movimento.

Você está em seu quarto, sentado, lendo. De tempos em tempos, lança os olhos à sua preciosa coleção de selos, tranquilo, certo de que ela está segura contra minha irrupção, porque você está ali, de guarda. Isso é estase.

O mundo que se apresenta no começo de uma peça está em estase. Às vezes, ela é rompida antes que a peça comece; ainda assim, sabemos qual era a estase. Não desconhecemos qual era a vida em Salém, antes das primeiras informações das feiticeiras. Se não a conhecêssemos, as feiticeiras não pareceriam uma intrusão. *E, para que uma peça comece a mover-se, deve haver uma intrusão.*

Em todas as peças, alguma coisa ou alguém aparece para romper a estase. Um fantasma diz que seu pai foi infamemente assassinado por seu tio Cláudio, agora rei. O povo uiva desde os degraus do palácio, para que você faça desaparecer a peste de Tebas. Três feiticeiras, falando atabalhoadamente, dançam em volta de um caldeirão e te chamam Senhor de Cawdor, e saúdam-te, Macbeth, "tu que serás rei um dia". Sua filha favorita Cordélia, não se derramará em emoções para provar o quanto ela o ama, e muito mais que suas irmãs hipócritas (que acabaram de fazer palavrosos juramentos de que o amam, mais do que as palavras conseguem fazê-lo). Alguém surge inopinadamente em seu quarto, onde você está sentado, lendo e vigiando seus selos; e grita "Fogo!"

Em cada um dos casos, essa intrusão é a campainha para começar! Estamos de partida! O mundo da estase, imóvel, imutável, sem conflitos – é sacudido para a ação.

Você está sentado, seguro, em seu quintal, lambendo selos; estase. De repente, um grande pássaro desce rapidamente, agarra você, leva-o no voo, ao largo, para o outro lado do horizonte, e atira-o no mar. Você nada para salvar sua própria vida, chega à praia, pede uma carona de volta à cidade, então… você consegue manobrar uma série de eventos e chegar, finalmente, de novo, a casa, os selos recuperados do demônio que enviou o pássaro. Você ergue um muro alto para impedir a entrada dos pássaros. Pronto, *a estase está restabelecida*. Essa é a meta de todas as peças, quer essa estase seja a mesma, igual à original, ou uma estase nova. *A estase chega quase no fim da peça, quando as forças maiores – ou obtêm o que desejam, ou são forçadas a parar de tentar.*

Hamlet, depois que ouviu o Fantasma, não está mais interessado em retornar à sua estase original, primitiva (depressão imutável). É um grave erro de interpretação dizer que a peça trata de um homem deprimido. Só o começo da estase trata de depressão. *Em geral, a intrusão muda tudo que pode ser mudado.* Em *Hamlet*, depois da fala do Fantasma do Ato I, Cena 5, praticamente nenhuma linha da peça sugere que Hamlet esteja deprimido. No entanto, gerações de comentadores viram a peça toda à luz de sua estase inicial e desenvolveram todas as interpretações, fundamentados na depressão ("melancolia"). Se ao menos eles entendessem alguma coisa de estrutura dramática! O Fantasma (*intrusão*) catapulta Hamlet impetuosamente para a ação, para a luta, numa velocidade ofegante, que não dá lugar à indolente depressão. Uma noite com um Hamlet deprimido é tão antiteatral quanto uma noite com um Hamlet sem ação; é igualmente depressiva, desanimadora.

Em cada peça, verifique a *diferença* entre o mundo em estase e o mundo em ação. A diferença iluminará as forças que conduzem a peça e asseguram evitar desânimo.

Primeiro vem a estase, depois a intrusão – e, a seguir, todos os recursos do universo da peça são impulsionados à marcha. Forças de energia extrema lutam entre si, até que uma nova estase apareça.

A intrusão que se segue a uma estase é um evento (ver Cap. 1), um evento que causa outro evento, portanto ação. Uma personagem ou personagens tenta(m) acomodar as coisas. Você (2) sai correndo de seu quarto para salvar a vida, depois de eu (1) ter gritado "Fogo!" Lear, tentando estabelecer nova estase, expulsa a recalcitrante Cordélia e divide seu reino entre Goneril e Regan, de modo que ele possa, tal como o deseja, viver feliz, a partir de então.

Se você ou Lear tiveram êxito em sua primeira resposta à intrusão, a peça termina. Todavia, eu roubo seus selos, e Goneril e Regan têm outros planos para Lear. Você e Lear, portanto, têm de tentar de novo, e a peça continua, dominó por dominó, até que, finalmente, as personagens obtêm êxito, ou não podem mais tentar, ou são derrotadas. Então, a peça termina.

Algumas vezes, uma nova estase não é aquela que a personagem desejaria que fosse; assim, a peça não termina. Macbeth é impelido para a ação pelas feiticeiras; ele luta por uma nova estase, que, como pensa, pode satisfazê-lo: ganhar a coroa. Mas isso, depois de tudo, se torna algo que nada tem a ver com uma estase; ele tem de lutar. As forças em ação devem mudar de rumo, procurar uma nova estase – e a peça continua.

Anote os passos: estase, intrusão, e a luta por nova estase iniciada pela intrusão.

Fixe o momento da intrusão e, a partir dele, siga cuidadosamente os dominós. Conheça as forças, as energias, os movimentos fundamentais desencadeados pela intrusão, com o fim de catapultar a peça para a ação. Conheça os *gols* da batalha, a nova estase sendo buscada.

Esses passos pouparão a seus espectadores quatro horas de um príncipe dinamarquês depressivo; ou duas horas de um incompreensível nobre escocês (*thane*)* que alardeia uma ambição inócua, mesmo depois que nada mais haja a aspirar.

A estase dramática ocorre nos casos em que as coisas permaneceriam indefinidamente inalteráveis, se algo não surgisse e acontecesse.

---

* (Hist. Esc.) – cavaleiro que possuía terras e cuja categoria era idêntica à dos filhos de condes; chefe de um clã: (Hist. Ing.) cavaleiro que possuía terras como dádiva do rei, por serviços militares, com categoria superior à do cidadão ordinário e inferior a da nobreza hereditária. (N. da T.)

*A intrusão dramática é aquilo que surge e acontece, liber-
tando as forças irresistíveis que, a partir desse ponto condu-
zirão a peça.*

À medida que você começa a apreender Hamlet (tal
qual Lear, Édipo, Hedda, Willi Loman, Romeu, você no
oceano ou Macbeth) como sendo guiado por forças irresistíveis, pode estranhar que, no meio do Ato III, ele esteja
de novo deprimido e fale em matar-se. Você pode ficar
muito surpreso e até pensar que "Ser ou não Ser" (3.1) seja
um solilóquio sobre o suicídio. Pode ainda mesmo verificar que não há solilóquio. Hamlet sabe que tem ouvintes:
Polônio e o Rei.

De acordo com o Ato III, Cena 1, Hamlet não tem motivo
para pensar em matar-se; e nós sabemos que ele não está
mais deprimido. *Mas*, Cláudio e Polônio *não sabem* disso,
e Hamlet sabe que eles não sabem. Hamlet sabe que eles
poderiam ser facilmente induzidos a se convencerem de
que ele ultrapassará o limite.

Use sua técnica dos dominós para descobrir por que
Hamlet *finge* pensar em suicídio. Como primeiro passo,
pergunte a si mesmo que evento causa a vinda de Hamlet
a este determinado lugar (a galeria do salão de audiências),
nesta determinada hora. (É o que vem revelado no Ato III,
Cena 1, para que todos compreendam, embora a maioria
não o faça. Cláudio diz:

> [...]   secretamente
> Chamamos Hamlet, para que, como ao acaso,
> Ele depare com Ofélia.
> Espiões legítimos, o pai da jovem e eu
> Vamos nos por nalgum lugar de que vejamos
> Sem sermos vistos,...)

3.1.29-33

Se Hamlet sabe que foi chamado e, se ele sabe que Polônio é um verdadeiro espião (Sabe? como é que ele sabe?
Onde lhe foi revelado?) então certamente este, o mais
famoso dos solilóquios não é solilóquio. É um estratagema

de Hamlet que sabe que está sendo ouvido por aquelas pessoas que o convocaram, um estratagema, visando a Cláudio, para ajudar a ele, Hamlet, recuperar a estase num mundo que virou pelo avesso no Ato I, Cena 5, quando o Fantasma lhe revelou quão podres estavam as coisas no reino da Dinamarca.

Interprete a manobra como quiser, desde que não confunda "Ser ou não Ser" com uma digressão sobre o suicídio, que suspende momentaneamente a ação. Um exame estrutural da estase e da intrusão mostra que não é. Por que Hamlet, considerado a personagem mais inteligente de Shakespeare, se referiria à morte de maneira tão tola, como:

> Essa região desconhecida cujas raias
> Jamais viajante algum atravessou de volta.
>
> 3.1.79-80

Pode Hamlet ter esquecido quem ele viu no Ato 1, Cena 5?

Jamais aceite os banais lugares-comuns, nem mesmo as suposições sofisticadas, sobre peça alguma. Você é um artista: dê sua própria interpretação. Isso não significa inovar por inovar, ou desviar a direção da peça para fora de si mesma. Significa domínio das técnicas de leitura analítica para ajudá-lo nas próprias conclusões que se destinam a iluminar, esclarecer, e não violar o texto.

Examine dez peças favoritas. Procure a estase inicial de cada uma; depois a intrusão; a seguir, distinga as forças que dirigem a peça, da intrusão à estase final – no fim da peça.

As peças não caminham a esmo, ao acaso. Nem as forças irresistíveis. A força desencadeada de uma peça é suficiente para guiá-la, do começo ao fim do espetáculo. Ela não permitirá os desvios. *Elabore sua percepção, em torno da sucessão e da colisão das forças conflitantes.* Se você não o fizer, fará dormir de tédio os pobres espectadores da plateia, cujo único erro foi confiar em sua capacidade em interessá-los.

ENFOQUE: Estase é o "status quo" que existe no mundo da peça, a partir de seu começo. Intrusão é algo que abala o "status quo", causando ou liberando forças que compõem o conflito e o progresso da peça. Quando as forças não mais colidem, uma nova estase é obtida, e a peça termina.

5. OBSTÁCULO, CONFLITO

Que vergonha, Joan, que você seja
assim um obstáculo.

Henrique VI, Parte I, 5.4.17.

Os que falam e escrevem sobre teatro, ou fazem teatro, não são concordes em tudo. Todavia, há um ponto com o qual estamos todos de acordo: "Drama é conflito!", gritamos todos, com rara unanimidade. E logo a seguir, voltamos a discutir se *Medida por Medida* (*Measure for Measure* – Shakespeare) é uma comédia.

Mas, o que é conflito? Ao termo, de tão usado que é, raramente lhe investigamos o sentido. Isto nos leva a uma análise descuidada da peça. O conflito é fundamental para o drama; por conseguinte, precisamos estar certos do que é conflito. Especificamente: o que é *conflito dramático*?

Não é o choque comum de uma coisa contra a outra. É uma especial modalidade de interação, profundamente arraigada e inalienável no comportamento humano, autêntico como o da vida real. A natureza do conflito é tão simples que muitos leitores nem o notam, ou pensam que se trata de alguma outra coisa.

Origem Histórica do Conflito Dramático –
Versão Concisa

Um antigo Grego, na cerimônia em honra a um guerreiro soberano, falecido recentemente, expressa palavras de louvor e de lamento, em coro com outros antigos Gregos: "Oh, Deuses!", lamenta-se o coro. "Como podemos sobreviver sem o bravo Pésticles, ele que reprimiu as hordas do norte, ele que destruiu os saqueadores navios do mar, ele que...", e assim por diante, até não restar nenhum olho seco de um ouvinte ateniense.

"Oh, Pésticles, filho de Pânticles, filho de Pédicles, filho de...", prossegue o canto.

Até então, não há conflito dramático – por conseguinte, não há drama.

Não há drama, ainda que os cantores cantem em frente a um público; não há drama, mesmo que eles contem uma história ("Oh, Pésticles, vós que montastes vosso cavalo, numa noite tempestuosa e com vossa espada poderosa decepastes a cabeça do selvagem mongol"); não há drama, mesmo que os cantores estejam trajados para a cerimônia; mesmo que um esforçado ateniense tenha pintado alguns panos de fundo, com guirlandas, pilares e folhas. Não há drama, mesmo que, no final, os cantores se curvem e recebam aplausos. *Não há drama, porque falta o ingrediente elementar*. Aqueles que acham que o primeiro ator foi Téspis, apenas porque ele avançou à frente do coro, não atinaram com o verdadeiro ponto da questão. Falta ainda alguma coisa, o evento decisivo no âmago do drama, e que configura o drama, desde o começo. Snout (O Muro), em *Sonho de uma Noite de Verão*, conduz-nos bem mais perto desse âmago do drama:

Vê-se neste entremez de enredo obscuro
que eu, de nome Snout, *represento um muro,*
um muro, podeis crer – coisa estupenda! –
que representa um buraco, frincha ou fenda,
por onde Tisbe e Píramo a amargura
reclamavam da vida, a sorte dura.
Estas pedras e esta áspera argamassa
dizem que *muro eu sou*[1], muro da raça.

5.1.155-162*

De outro modo e diferente do de Snout, o antigo Ateniense lamentando e exaltando Pésticles morto, jamais finge ser alguém que não ele mesmo. A grande invenção foi mais do que avançar à frente do coro e falar sozinho. *A grande invenção foi fingir ser uma outra pessoa.* Téspis só foi ator quando fingiu ser Pésticles. Suas vestes só foram vestes de teatro quando objetiveram fazer o público pensar que ele era Pésticles. E painéis de fundo pintados só se tornaram "cenários", quando pretenderam *representar* um lugar que não o palco, como seria, por exemplo, a praia de onde Pésticles repeliu os invasores.

Implicitamente, o ator faz um pedido aos espectadores, e nesse pedido está o alicerce do drama. "Façam de conta que eu sou Pésticles, este chíton (túnica), seu chíton, esta clâmide (manto), sua clâmide, e este lugar, as areias ensanguentadas em que lutou."

Quando Téspis deu um passo à frente e disse "Eu sou Pésticles", deu um passo gigantesco. Era um passo novo, um passo engenhoso, mas difícil, porque, fingir ser outra pessoa exige alguns requisitos inalteráveis.

O requisito mais importante é a plausibilidade. Você tem de fazer o mínimo possível para lembrar o público que, nessa hora, *você não é* a personagem que você representa. Ao representar um leão, se você deixar seu rosto aparecer, através da máscara, o público será continuamente lembrado de que você não é leão.

1. Grifo nosso.
* Tradução de Carlos Alberto Nunes. (N. da T.)

49

Quando você finge ser outra pessoa, você deve retratar um comportamento humano em que se possa acreditar. Se você faz coisas que os seres humanos (ou os leões, se for o caso) não fazem, os espectadores não vão acreditar em sua personificação. Sua simulação falhará. Através dos tempos, têm havido variações no grau em que os autores procuraram ser plausíveis; mas, mesmo na extremidade inferior da escala, *o suporte da personificação de uma pessoa, o suporte da simulação tem sido a primeira regra do trabalho no teatro.*

O que isso tem a ver com o conflito? Isto: as personagens *falam* muito nas peças. Falar é a atividade mais comum do drama. A fala transmite quase tudo que nós devamos saber de uma peça, sua gente, seu desenvolvimento. É óbvio que toda essa fala deva acontecer de tal modo que *mantenha a simulação da personificação.* Os dramaturgos, portanto, procuram fazer refletir, no modo como suas personagens falam, um comportamento humano reconhecível. Os dramaturgos podem aumentar ou diminuir o realce da linguagem, ou fragmentá-la, ou torná-la tão artificial quanto o puder ser; entretanto, dado que sua intenção seja a de sustentar e não de enfraquecer a simulação da personificação, procuram sempre apresentar a fala como um comportamento humano reconhecível.

Como deve ser essa fala que se relaciona com um comportamento humano reconhecível? *Um ser humano fala para obter aquilo que ele, ou ela, quer.*

Essa é a chave da linguagem dramática, uma linguagem bem distinta da linguagem da poesia ou da prosa escrita não dramática.

E é a chave para uma criança ao aprender a falar. As crianças aprendem as palavras como instrumentos para controlar o meio ambiente – *para obter o que querem.* Talvez, a maturidade nada mais seja que aprender meios mais eficazes que berros, a fim de obtermos o que queremos. Quando o bebê grita e fica vermelho, ou quando o adulto entoa "Eu, por favor, gentil mortal", ambos *querem* alguma coisa.

Aquilo que uma personagem quer motiva a fala. Um ser humano pensa em muitas coisas, jamais expressas. Dentre essas inúmeras coisas em que uma pessoa pensa, ela seleciona o que quer dizer, de acordo com o que quer.

Veja isso de outro modo: se você nada *quer*, você nada *diz*. Nem tudo no drama espelha a vida real, mas a fala, sim. Uma personagem que fala, quer alguma coisa; do contrário, não falaria. Esse elemento universal da natureza humana é a base de todo drama.

Esse foi um grande rodeio para compreender um fato bem simples e conciso. A universalidade do fato não está baseada na estética, mas existe porque o drama envolve personificação; porque a personificação deve evitar o implausível gritante; e porque o discurso desprovido da motivação do querer é manifestamente implausível.

Assim, é mau o dramaturgo que põe por escrito, para algum pobre ator recitar, uma exposição como esta: "Você é meu irmão, como você sabe". Essas palavras empurradas boca a dentro de uma personagem, são palavras que têm a ver com o que o *dramaturgo* pretende (transmitir informação para o espectador) e não com o que a personagem *quer*.

O fato de eu querer algo determina que eu fale. O que eu quero determina o que eu digo. Dramaturgos que ignoram esse fato escrevem blablablás sem fim. Atores que ignoram isso transformam dramas sérios em tagarelices. Cenógrafos que ignoram isso usam o teatro como um lugar para pendurar seus trabalhos. Diretores que ignoram isso deveriam ser enforcados. As forcas ficariam ocupadas um ano.

Um obstáculo é qualquer resistência a que eu obtenha o que eu quero. O que eu quero e o que resiste à sua obtenção (*obstáculo*) trabalham, um contra o outro, com o objetivo de criar o conflito dramático.

O conflito dramático distingue-se das outras modalidades de conflito. O conflito de um romance pode ser – livre arbítrio versus destino. O conflito de um poema pode ser – juventude versus velhice, ou cidade versus campo. Mas, o conflito de uma peça situa-se entre o que alguém quer e aquilo que impede esse querer – o obstáculo.

O fato de eu querer algo determina que eu fale. O que eu falo depende, precisamente, do que eu quero *e* do que se interpõe no meu caminho (obstáculo). Eu digo as palavras que eu considero o mais eficazes possíveis para remover ou contornar o obstáculo.

O bebê tem sede. Ele quer tomar água. Obstáculo: a água mais próxima está do outro lado do quarto, aonde ele não pode chegar. Para transpor o obstáculo, o bebê berra: Uaaaaá! ou "Mamãe!" Trinta anos depois, ele é capaz de expressão mais articulada: "Johnny Walker Red, puro com gelo". Em ambos os casos, o obstáculo foi removido, falando.

Não basta compreender por que uma personagem pensa alguma coisa. É preciso saber *por que essa alguma coisa é dita*. O que se quer (*motivação*)? O que se interpõe no caminho (*obstáculo*)?

Infelizmente, os obstáculos são facilmente ignorados. Os atores se lembram das motivações, mas não dos obstáculos. No entanto, uma motivação que não for posta diante da resistência estimuladora de um obstáculo resulta em palavras emitidas frouxamente, automáticas, escorregadias. Falta de resistência significa ausência de conflito dramático. O que significa ausência de peça, não importando o que mais o ator faça. Os últimos dois minutos de um jogo de basquetebol, com uma contagem de 95 contra 27, é como uma motivação sem um obstáculo: é perda de tempo, nem vale a pena continuar assistindo ao jogo.

Os diretores também se esquecem dos obstáculos. Assim, quantas são as produções de *Hamlet* que mostram alguma insinuação da razão por que Hamlet não ataca Cláudio com a espada, logo no Ato III, Cena 3?

Os cenógrafos ignoram não apenas o obstáculo, mas também a motivação. Assim, fazem o castelo de Macbeth lúgubre, escuro, tão agourento como a morte. Só um Duncan hiperimbecil entraria nele, muito pouco digno de elogios, não importa quão acolhedor e agradável ele possa ser. Esse tipo de erro decorre de uma leitura que busca o tom e a impressão geral ("atmosfera"), em vez de se fixar especificamente no comportamento humano.

Na verdade, você só conhece uma peça quando perceber como cada palavra é destinada, por seu emissor, a ultrapassar algum obstáculo ao que ele, o emissor, quer. Quer seja um problema de real importância (Lear querendo abdicar de seu reino), quer seja um problema comum – não existe outra razão que justifique a fala de uma personagem. Este simples princípio, por si mesmo, rejeitaria metade das palavras dos textos de muitos jovens dramaturgos. Só então alguém poderia encarar suas peças.

Um obstáculo pode ser qualquer coisa. Frequentemente, deriva do que uma outra pessoa quer. (Motivação: Eu quero ser rei. Obstáculo: *Você* quer *continuar* sendo rei.) O obstáculo também pode derivar de determinadas circunstâncias; ou das próprias inabilidades ou receios, dúvidas; ou da sorte ou destino. Em todos os casos, deve ser algo contra o qual estou disposto a lutar. Se eu não estiver, não faço nada – não há, por conseguinte, ação. Por conseguinte, o público será fadado a dormir.

Eu a amo (motivação). Você acha que eu sou extremamente desagradável (obstáculo). Então, eu digo algo, procurando mudar sua atitude ("Gostaria de dar uma volta na minha Mercedes?").

Você quer desesperadamente um trabalho (motivação). O entrevistador deve fazer uma seleção dentre os trinta candidatos inscritos (obstáculo). Por isso, você procura impressionar o entrevistador ("Eu já fiz antes esse tipo de trabalho").

Jack não consegue suportar Jill e quer que ela se vá. Obstáculo de Jack: Jill não o quer abandonar. Por isso, Jack diz alguma coisa, com a intenção de livrar-se dela ("Vá-se embora" ou "Estou com sarampo").

A peça apresenta apenas um produto: as palavras que devem ser faladas. Cabe a você imaginar-lhes a motivação e o obstáculo que levará a: "Gostaria de dar uma volta na minha Mercedes?" ou "Estou com sarampo".

Até mesmo as ações triviais, costumeiras, apoiam-se na motivação e no obstáculo. Extraí-los do texto pode ser mais difícil. Por exemplo: você diz bom-dia a seu vizinho. Você vem dizendo bom-dia a seu vizinho todas as manhãs, há oito anos. Motivação? Obstáculo? Para descobri-los, considere as consequências para o caso de você *não* dizer bom-dia; seu vizinho poderá pensar em alguma coisa, em que você não quer que ele pense. *Mesmo as ações costumeiras* ("Oi!", "Que dia bonito!" etc.) *devem expandir-se do seu empenho em obter alguma coisa que você quer contra alguma coisa que opõe resistência a que você a obtenha.*

O conflito dramático – querer *versus* obstáculo – pode ser de quatro tipos. Alguns ou todos aparecem em toda peça. Do ponto de vista da personagem principal, esses tipos de conflito dramático são:

1. *Eu contra mim mesmo*. Eu quero sua coleção de selos; mas, eu sei que roubar está errado; por isso, tenho dificuldade de me decidir a roubá-la. Mas, se de verdade eu a quero o bastante, tentarei transpor o obstáculo (minha atitude moral contra roubar). O conflito está entre mim e minhas próprias restrições: eu contra mim mesmo.

2. *Eu contra outros indivíduos*. Eu quero sua coleção de selos; mas você a vigia com um taco de beisebol. Esse conflito é entre mim e você; eu contra outro indivíduo.

3. *Eu contra a sociedade*. Eu roubei sua coleção de selos; agora sou caçado como um cachorro pelo F.B.I. Eu transgredi a lei. Agora, a ira da sociedade me persegue com cães. Meu adversário não é você; eu estou lutando por minha liberdade, eu estou em luta contra a sociedade.

4. *Eu contra o destino, ou o universo, ou as forças naturais, ou Deus, ou os deuses*. Essa é uma luta dura de vencer. É um homem contra o escarpado penhasco de uma montanha, ou Lear urrando à tempestade "Soprem ventos", ou Macbeth recusando-se a aceitar seu destino, gritando

"Ataca, Macduff!". É um conflito que em nada se parece com o que resulta de eu roubar seus selos.

Nos quatro casos, a luta é entre o que eu quero e meus obstáculos. Quanto melhor a peça, mais a força da motivação é irresistível e mais o obstáculo é inarredável, independentemente da classificação de conflito dramático. Mas, assegure-se de que você conhece não apenas qual conflito dominante está presente na peça, mas também qual classificação está envolvida em cada momento da peça. Essa distinção evitará encenar *Rei Lear* ou *Édipo* como um melodrama familiar ou comentário social; ou então, *Esperando Godot* como intensa tragédia.

O conflito dramático (motivação *versus* obstáculo) é a força que conduz a peça de ação para ação. Marca a diferença entre teatro e recitação.

ENFOQUE: *A vontade de uma personagem é contrariada por algum empecilho – por algum obstáculo. Uma personagens fala para manobrar outra personagem ou outras personagens de tal modo que o obstáculo à vontade é removido. Para entender uma fala do diálogo, você deve saber o que o falante quer; e como o falante pretende que as palavras faladas removam o obstáculo ao que ele quer.*

6. IGNORÂNCIA É BEM-AVENTURANÇA
(Ou: A Verdadeira Causa do Desvario de Cada Um
Com Respeito a *Hamlet*)

Ai de mim, quem me dera saber menos!

O Conto de Inverno, 2.1.38.

Verifique no texto, detalhadamente, ponto por ponto, que informação foi revelada e o que foi omitido. Na encenação, não revele, prematuramente, uma informação, do contrário você pode minar os alicerces da peça, na mesma velocidade de cupins voracíssimos. O intervalo entre o que o espectador já conhece e o que ele *ainda* não conhece pode ser vital. Diminua esse espaço cedo demais e o risco será seu.

Não revele muito cedo os segredos!

E o que é que pode ser mais óbvio? Entretanto, há pessoas que dirigem *Hamlet* ou escrevem livros sobre a peça, sem cogitar de salientar o momento em que o *público* descobre que Cláudio é culpado. Assim, o ator que representa

Cláudio retrata-o obviamente culpado, logo de início. Revelado o segredo, o público se vê frustrado por tê-lo conhecido muito cedo.

Leia com a expectativa natural de um público que vê a peça pela primeira vez; e assim sendo, você só saberá que Cláudio é culpado no Ato III – precisamente na cena anterior àquela em que o próprio Hamlet o descobre.

Se você souber, desde o começo, que Cláudio é culpado, não lhe será dado perceber o âmago do relato de um enigma, nos três primeiros atos. Se você não conseguir perceber a história misteriosa, não há como acompanhar o que Hamlet está fazendo (procurar descobrir se Cláudio é culpado) – por conseguinte, você presume que ele não faz nada. Essa pode ser uma fonte de visão insensata de que Hamlet é incapaz de agir.

No entanto, a partir da fala do Fantasma, Hamlet se esforça arduamente para descobrir se o espírito que ele viu era o diabo com falsa informação ou um espírito verdadeiramente autêntico, com fatos. Se você considerar a situação de Hamlet, se você considerar em que mãos está o poder naquela corte dinamarquesa, se você considerar o fato de que não se pode simplesmente inquirir alguém para saber se ele, ou ela, assassinou seu pai (é uma violação da etiqueta convencional, até mesmo na Dinamarca; e de qualquer modo é improvável a obtenção de uma resposta direta) – você pode compreender, então, por que Hamlet inicia sua estratégia com uma máscara defensiva de loucura. Ajuda-o a resolver o mistério de Cláudio ser ou não ser culpado. Esse mistério é a mola real da primeira metade da peça. Hamlet quer solucioná-lo e o *público também*. Consequentemente, não vista Cláudio com roupas de vilão, nem o faça comportar-se furtivamente. Não provoque um curto circuito na corrente principal.

Alguns professores bem-intencionados prestam a seus alunos um grande desserviço, fazendo-os ler uma peça antes de a ela assistirem. Será que esses professores acham que as peças encenadas ficam melhores se você já lhes tiver lido o texto? Com isso, vão contra as intenções do dramaturgo.

Ou será que esses professores supõem que os alunos não conseguem compreender palavras ditas em voz alta e poderiam ficar confusos com toda aquela luz e movimento? Que pena! Pobres dos alunos.

Não prive os alunos (ou seja quem for) do maior prazer do teatro: o delicioso suspense, a curiosidade de saber o que vem depois. Imagine-se assistindo a *O Mercador de Veneza*, sem saber se Shilock vai vencer ou perder. E imagine um professor (ou livro), estragando esse prazer.

Em nosso *não saber* reside a aventura da peça. Não permita que Cláudio pareça punhais assassinos nas costas de Hamlet; não deixe que os alunos leiam *O Mercador de Veneza*, antes de verem a peça; não inclua notas no programa dizendo que Godot jamais chegará. Não entregue nas mãos dos espectadores uma sinopse do tipo: "A história até este ponto: Cláudio assassinou o pai de Hamlet, a fim de se apoderar do trono da Dinamarca". Se Shakespeare quisesse que o público se inteirasse disso desde o começo, teria dito na peça.

Alimente a ignorância do público. Não imponha seu conhecimento do fim da peça desde o começo.

ENFOQUE: *Frequentemente, o núcleo da tensão dramática reside em escamotear informações ao público. Não dilua essa tensão com revelações prematuras.*

7. O QUE É TEATRAL

> *... e no estupor lançar*
> *As próprias faculdades de ver e ouvir.*
>
> Hamlet, 2.2.565-566.

É teatral tudo aquilo que provoca uma forte reação dos espectadores. Uma boa piada é teatral. E também um final profundamente triste, um traje ou uma linguagem evocativa, ou uma voz que retine. É teatral uma cena estruturada de modo tão intenso, que os espectadores se inclinam para a frente o tempo todo; do mesmo modo, é teatral uma mamba* amarela enroscada sob a cadeira da heroína; ou um fantasma prestes a dizer aquilo que você vinha sendo manipulado para querer ouvir; ou um rei grego descobrindo o que havia feito a seu pai e o que estava fazendo com sua mãe.

Teatral é algo que retém os espectadores no teatro: agudo suspense, interesse vivo, grande diversão, importância

---

* Grande serpente venenosa da África do Sul. (N. da T.)

poderosa, sentimento profundo. O que é teatral é bom teatro. O que não é, não é. Teatral é o oposto de enfadonho.

Teatralidade não significa realização de gosto duvidoso, embora realizações discutíveis (como mambas amarelas sob cadeiras) possam ser teatrais. Igualmente, podem ser teatrais os momentos soberbos de Shakespeare (e os seus mais modestos). Teatralidade nada tem a ver com bom ou mau, nível elevado ou baixo, arte ou lixo.

Exibições de *strip-tease* de má qualidade, em espeluncas ordinárias, podem ser teatrais – tanto quanto a primorosa cena final de *Cyrano de Bergerac*.

Os dramaturgos sabem que algumas coisas podem ser teatrais e outras não. Por exemplo, uma falta de ação, geralmente, não é. Falas doutrinadoras ou extensamente filosóficas, sem motivação contextual, raramente são teatrais. Homens disfarçados de mulheres (ou vice-versa) são, geralmente, teatrais. Lutas com espadas (esgrima), amantes que se veem a primeira vez (ou pela última), cenas de morte: são, comumente, teatrais. O conflito é quase sempre teatral, e dificilmente alguma coisa pode ser teatral sem conflito.

A *novidade* é teatral. A nudez no palco foi teatral por um certo período, mas a inovação desgastou-se.

A *mudança* é teatral. Prestamos atenção à alteração. A mudança de uma pequena cena com dois ou três personagens, para uma cena compacta de corte, com cinquenta, é em si mesma teatral.

Para a análise de texto, a identificação de elementos teatrais é importante, porque: *bons dramaturgos colocam seu material mais importante nos seus momentos teatrais mais importantes*. Shakespeare, como se verá, não mede esforços ou recursos intricados para tornar teatral a fala do Fantasma do Ato I, Cena 5, porque seu conteúdo é muito importante. Tudo o que for importante deve ser teatral, a fim de que os espectadores o percebam.

Se você é um dramaturgo, não permita que o seu material mais importante se perca entre os momentos mais teatrais da peça, como chaves que caem e se perdem através das grelhas do esgoto. Teatralidade não é ornato. É o cerne, o principal comunicador.

Fogos de artifícios são teatrais. Tanto quanto uma fala devastadora antes de sair de cena. O sucesso de uma peça fica na dependência do impacto de sua teatralidade.

Se você deixar de focalizar esses elementos, ao ler uma peça, não conseguirá percebê-los no palco; e nem você, nem seus espectadores saberão exatamente do que trata a peça.

O que você não sabe não o ajudará.

ENFOQUE: *Alguma coisa é* teatral, *quando intensifica a atenção e o envolvimento dos espectadores. Os dramaturgos colocam seu material mais importante nos momentos mais teatrais da peça, auferindo desse modo vantagens da intensificação da atenção dos espectadores. Identificar os elementos teatrais da peça ajuda a descobrir o que o dramaturgo considera importante.*

SEGUNDA PARTE – OS MÉTODOS

8. EXPOSIÇÃO

Sua exposição que interpreta mal
Deveríamos cancelá-la de seus dias.

Péricles, 1.1.112-113.

Ao iniciar-se uma peça, os espectadores não têm conhecimento de nada. E antes que a ação avance, deve-lhes ser dada uma certa informação; do contrário, nada depois adquire sentido.

Em geral, essa informação começa com a natureza do universo da peça, em sua estase inicial. Onde estamos? Como é esse lugar? Qual a situação? Qual a hora e o período? Em seguida, necessitamos de informações sobre as pessoas e sobre suas relações fundamentais. Quem são todas essas pessoas? O que têm a ver umas com as outras? E o que fazem aí? *Exposição vem a ser a revelação dessa informação necessária.*

Há dois tipos de *exposição*. A primeira consiste na informação conhecida de cada uma das pessoas que se encontram no palco. Por exemplo: estamos na Dinamarca, no meio da noite, e o velho Rei Hamlet morreu recentemente. A tarefa do dramaturgo é transmitir essa informação aos espectadores.

O segundo tipo de exposição consiste na informação conhecida apenas por uma, ou algumas, das personagens. A tarefa do dramaturgo, neste caso, é fornecer motivo para que tal personagem detentora da informação transmita-a, no palco, a outras personagens, de modo que os espectadores possam conhecê-la. Na tragédia grega clássica, o mensageiro é quem cumpre essa tarefa. Há técnicas mais sofisticadas, como se verá.

O primeiro tipo de exposição – informação conhecida por todas as personagens ou pela maioria delas – não é muito fácil de elaborar. Isso porque, como se viu no Cap. 5, qualquer coisa dita no palco deve decorrer de algo que a personagem quer. Mas, se cada um já conhece a informação, como é que o fato de expressá-la no palco pode ajudar alguém, ele ou ela, a conseguir o que quer? "Ei, John, você que é, como você sabe, meu irmão gêmeo" é uma elaboração desastrada; e não há ator nenhum que consiga insuflar vida numa fala dessas. Muito da habilidade do dramaturgo se revela na competência com que essa dificuldade particular é ultrapassada.

Fique alerta contra a técnica expositiva, piegas ou totalmente inepta; esse é um meio fácil de localizar deficiências de que outros elementos da peça também se ressentem. "Alô", diz a empregada, atendendo o telefone, "é da grande e vazia mansão dos Crumfort, numa noite escura e tempestuosa de fevereiro, ninguém em casa. Oh, boa-noite, Mr. Crumfort, pensei que o senhor estivesse a caminho de Calcutá". Ou: "Sara! Como vai? Esta noite faz três anos que não a vejo, desde o nosso infeliz divórcio em Albany." Quando uma peça começa de tal modo, acautele-se com o que vem a seguir.

Mas há alguma coisa ainda pior: peças com informação objetiva que não tem um objetivo imediato. Alguns autores enchem a boca dos atores com trivialidades, esperando que banalidades se possam juntar e configurar "atmosfera", "cor local" ou um "senso de tempo e lugar". Isso nada mais é que construir a realidade com intermináveis detalhes verborrágicos. Infelizmente, detalhes irrelevantes só podem construir uma realidade irrelevante.

No entanto, em se tratando de um escritor em que você confia, a informação da exposição é de relevância imediata para a ação. Nada há de gradual ou cumulativo na apresentação de uma exposição relevante para a ação; aliás, nem é preciso esperar muito por ela. Leia, a propósito, as primeiras linhas de *Rei Lear*:

KENT – Pensei que o Rei preferisse o Duque de Albânia ao Duque de Cornualha.

GLOUCESTER – Também sempre pensamos assim, nós todos; mas agora, na partilha do reino, é impossível saber qual dos dois mais estima. A divisão está tão perfeita que aquele que escolher primeiro não terá maneira de escolher melhor.

1.1.1-7*

Em apenas quarenta e nove palavras, Shakespeare já nos oferece um quadro decisivo de exposição. Lear já havia decidido como dividir seu reino. A planejada competição pública em que suas filhas rivalizam uma com a outra, para mostrar qual delas mais o ama, é mera formalidade, uma *cerimônia*. Não é uma disputa para decidir qual filha obterá o maior quinhão do reino.

Estranhamente, essa informação, em geral, não aparece. A maioria das encenações apresenta a Cena 1, como uma disputa, em vez de um notável feito de exibição pública. Isso não se deve a diferente interpretação. A causa é uma manifesta deficiência para compreender a exposição. Dois e dois são quatro. Uma solução diferente pode ser interessante, mas não é aritmética verdadeira.

Da falta de uma leitura cuidadosa resulta uma fraca encenação. A exumação do Bardo o mostraria revolvido no túmulo. As primeiras linhas de *Rei Lear* constituem uma exposição decisiva, diretamente relacionada com a forma da ação subsequente. Essas linhas não são um mero recheio para criar cor local ou pano de fundo (*background*).

* Tradução de Millôr Fernandes. (N. da T.)

Verifique quanta informação se obtém com as primeiras doze linhas de *Hamlet* (na maior parte, informação conhecida pela maioria das personagens, à nossa frente, no palco): sabemos onde estamos e tomamos conhecimento de parte da história até o presente. Somos informados de que um espírito errante apareceu por duas vezes nas ameias, que é meia-noite, que as personagens são leais ao trono da Dinamarca; e, quando vemos, de fato, o espírito errante (verso 41), sabe-se que ele se parece muito com *o Rei que morreu*. Essa é uma quantidade expressiva de informação, toda ela manifestamente conectada com a ação. Até aí tudo bem. Mas no verso 60, a informação *parece* irrelevante, e assim muitos leitores a ignoram:

HORÁCIO – Assim era a armadura que ele usava, quando
    Lutou com o ambicioso Rei da Noruega;
    Assim franzia o cenho, quando, sobre o gelo,
    Em parlamentação colérica esmagou
    Os poloneses que se valem de trenós.

1.1.60-65

Na verdade, é muito estranho. Noruega? Poloneses? Algumas linhas depois vem a informação que parece ainda menos relevante: o relato da última guerra da Dinamarca com a Noruega. E pensa o descuidado leitor: trata-se de mais detalhes do que se poderia esperar. Assim o leitor descuidado passa adiante. Não é de surpreender que o leitor descuidado jamais tenha a mais vaga ideia do que o jovem Fortinbras tem a ver com a peça. E, no entanto, antes de terminar a peça, Fortinbras, figura paralela a Hamlet, marchará da Noruega, cruzará a Dinamarca, para guerrear os "Poloneses". Pode-se, então, supor que Fortinbras tenha muito a ver com a peça? Com certeza, mas você jamais descobrirá o que, se não se detiver na exposição que, de imediato, não parece relevante.

Pense que cada fragmento da exposição é essencial à ação da peça – mesmo aquele que possa parecer irrelevante. Procure descobrir as conexões; procure, tenazmente, antes de desistir; caso contrário, você corre o risco de não entender nada.

A segunda modalidade de exposição – apresentação da informação que só uma personagem conhece – é menos difícil de o autor realizar com eficácia. Em épocas mais remotas, essa espécie de exposição estava reservada ao mensageiro – uma personagem neutra, sem conexão com a ação, exceto pela entrega da mensagem: "Meu Senhor, venho do castelo, onde os assoladores Godos e Visigodos..."

Um modo mais elaborado (e mais efetivo): o "mensageiro" é relevante para a ação, por razões que estão acima e além de sua informação. Uma personagem importante revela uma informação expositiva como um instrumento para levar uma outra personagem a *fazer* algo.

Por exemplo, o fantasma do pai de Hamlet tem uma informação expositiva. O público precisa da informação para entender a ação da peça. Esse fantasma, porém, não se preocupa com o público. Sua preocupação é usar a informação do seu assassínio por Cláudio, unicamente para levar Hamlet a *fazer* alguma coisa: buscar vingança. O Fantasma dá a Hamlet uma informação sobre o passado para impelir Hamlet à ação, *agora*. Esse é o meio mais eficaz de apresentar a exposição: *usar o passado para impulsionar* (não simplesmente explicar) *a ação presente*. Não deixe de focalizar esse meio, quando o autor dele se tiver utilizado. Leia Ibsen que é um mestre nessa técnica. É uma técnica que oferece duas coisas importantes: primeiro, fornece a informação de que o público necessita; e segundo, desencadeia a ação.

Em *Édipo-Rei*, essa técnica aparece tarde, quase perto do clímax.

Essa técnica é, frequentemente, usada na maioria das exposições mais importantes. A fala do Fantasma no Ato I, Cena 5, de *Hamlet*, contém informação muito mais importante que o número de vezes em que o Fantasma esteve ali, ou o modo como está vestido, ou o relato das perturbações da Polônia/Noruega/Dinamarca. Devido a sua importância, Shakespeare se utiliza de um recurso poderoso para prender a atenção e fazer com que o público ouça cada palavra. Esse recurso, o bloco central da construção da teatralidade, será descrito no próximo capítulo. No momento, saiba que é necessário prestar atenção especial à exposição, quando o dramaturgo emprega técnicas poderosas para fazer-nos ouvir. Tais técnicas devem ser usadas parciomoniosa e seletivamente; por isso, quando um autor em que você confia dela se utiliza, pense que foi por uma razão realmente importante.

Por exemplo, as primeiras linhas de *Rei Lear* são extremamente importantes; por essa razão, Shakespeare cuida que seu público não as perca. Ele inicia a peça com elas, o que lhes confere um enfoque considerável. Se esse enfoque não age sobre nós, espectadores do séc. xx, é porque não conhecemos a história do Rei Lear de outras fontes. O público de Shakespeare, porém, conhecia-a muito bem. Em outras versões, familiares à Londres de 1604, a cena da disputa é, de fato, uma disputa: a filha que disser que mais ama Lear ganhará mais terras; não importa qual. Shakespeare sabia que uma mudança importante atrairia a atenção, especialmente se colocada logo no começo da peça. É como abrir a versão de *Cinderela* para o palco com a informação de que as meias-irmãs são muito bonitas, e que a madrasta é generosa e boa, sobretudo com Cinderela.

Seja lá como for manipulada, uma boa exposição revela nada mais nada menos do que tudo quanto é necessário para que o público penetre nos começos da ação da peça. O leitor que ler por cima a exposição, impaciente de avançar na peça, terá apenas uma vaga ideia de como ou por que a ação começa e, com certeza, interpretará mal os eventos, até o fim da peça.

ENFOQUE: Exposição *é a revelação da informação necessária ao público, para que possa entender a ação da peça. Há dois tipos de exposição. O primeiro refere-se à informação que todas as personagens conhecem (Estamos na Dinamarca). O segundo refere-se à informação não conhecida de todas as personagens. A função principal dessa informação consiste no uso da informação por uma personagem com o objetivo de impelir uma outra à ação.*

9. PRA FRENTE –
AVIDEZ PELO QUE VEM DEPOIS

Mas vou prosseguir no meu papel.

Trabalhos de Amor Perdidos, 5.2.662.

O que mais se negligencia é o mais óbvio: os espectadores podem ser agarrados pelo pescoço e mantidos presos a noite toda. É muito simples: use um ou outro recurso, com o objetivo de despertar neles a ansiedade para saber o que *vem depois,*

Uma antecipação (chamada) é algo que desperta o interesse do público pelas coisas ainda por vir. Os dramaturgos querem o público preso não no presente, mas no *futuro.*

As antecipações (chamadas) podem ser empregadas em todas asespécies de textos, dramáticos e não dramáticos – no drama, porém, não são opcionais. O leitor de um romance pode permitir-se um maior interesse no presente que no futuro, mas no teatro prevalecem outras condições. Devemos manobrar diferentes tipos de pessoas para conseguir ritmos uníssonos de atenção, apesar das variações individuais em coisas como grau de concentração, interesse, gosto, compreensão, envolvimento emocional e intelectual, bem-estar físico, atitudes, humor. Ao dramaturgo cabe manter o *controle* da atenção do público.

O leitor, enquanto lê um livro, pode controlar seus próprios ritmos. Pode ler meia hora, levantar-se, andar, comer uma banana, contar seu selos, reler um capítulo, ler às pressas, saltar um parágrafo ou uma página ou um capítulo, jogar o livro pela janela contra um pássaro, ou na lareira, ou abandoná-lo por uma semana.

No teatro, porém, se, vinte minutos antes do intervalo, o público se cansar de prestar atenção, a peça corre perigo. Por isso, os dramaturgos hábeis, de competência manifesta, elaboram cenas repletas de antecipações de modo que, não importa o quanto a cena seja vigorosa (ou fraca), o público é manipulado para sentir uma vontade de permanecer no teatro e esperar pelo que vem depois.

Se você estiver em casa, lendo um livro, e tiver de ir ao banheiro, você pára de ler e vai, ou leva o livro junto. Entretanto, surpreendentemente, poucos profissionais ou teóricos do teatro se dão conta de que, em um dado momento, uma boa parte de qualquer plateia sente necessidade de ir ao banheiro. Essa característica de vida existia, no teatro, desde as origens (a menos que os clássicos atenienses conhecessem alguma coisa que não conhecemos). Assim, se uma representação não consegue absorver suficientemente a plateia para o que vem depois, muitos irão dar uma volta, passar a Cena 5 do Ato 1 no banheiro; ou, na melhor das hipóteses, se não saírem, ficarão pensando mais em suas próprias necessidades biológicas do que na peça.

O espectador não pode dar uma volta, fazer uma pequena parada, comer uma banana... ou seja lá o que for. *O pobre espectador tem de se manter quieto e sentado.* Ao contrário do poeta ou do romancista, o dramaturgo deve fazer com que o público *queira* ficar sentado e quieto. Sem antecipações, o público está sempre pron,to a se levantar logo depois da fala seguinte. Essa é a principal diferença entre as outras formas de literatura e a forma dramática. Quando estamos loucos para saber o que vem depois, sentamo-nos quietos e prestamos atenção. Quando não estamos – fazemos qualquer coisa, menos ficar parados no lugar. Se você não acredita, experimente ficar três horas sentado, enquanto alguém lê para você *Paraíso Perdido*. Você se impacientará, simplesmente não aguentará, porque são muito poucas as antecipações.

Algumas formas de literatura não dramática são destinadas a serem lidas em voz alta: Chaucer, Homero, *Beowulf*. Todos estão repletos de antecipações. Hemingway não está, nem Dickens, nem Faulkner ou Pope. Mas Shakespeare está, e Sófocles. Ambos se utilizam de antecipações em todas as páginas- o que fazem não só os gigantes do teatro, mas quase todos os dramaturgos, modernos ou não, que se possam nomear. (Um dramaturgo que escrever sem antecipações, provavelmente jamais será um dramaturgo citado por alguém.)

Uma antecipação é qualquer uma das miríades de artifícios, técnicas, artimanhas, manobras, manipulações, aperitivos, tantalizadores, provocações que fazem com que o público fique ávido, à espera do que está por vir. Se você as omite do texto, as antecipações, você escamoteia a mais inconfundível das ferramentas para agarrar. Nenhuma *strip-teaser* ignora que o que mais excita o público não é a nudez em si mesma, mas a *promessa* de nudez.

A metade do prazer está na antecipação.

As antecipações não só mantêm o público interessado, *mas fixam sua atenção onde o dramaturgo a quer*. A nossa atenção se aguça (graças a um dramaturgo experiente) quando é necessário que ela seja aguçada. Isso proporciona um método de análise bastante confiável, especialmente para descobrir o que o dramaturgo considera importante. Se Shakespeare cria um conjunto elaborado de antecipações, especialmente para focalizar a atenção em alguma coisa, essa coisa deve ser fundamental.

Examinemos um conjunto de antecipações de que Shakespeare se utiliza para (1) despertar nosso interesse pelo que vem depois e (2) aumentar e concentrar esse interesse, a fim de que prestemos a máxima atenção, exatamente naquilo que ele quer.

Hamlet: é só no verso 685 da peça que o Fantasma fala. Seiscentos e oitenta e cinco versos constituem quase a metadeda extensão de uma tragédia grega. Um dramaturgo menos dotadofaria o Fantasma falar no primeiro verso. Mas Shakespeare retarda a fala, de modo a criar um conjunto de antecipações, claras e simples. Elas prendem a atenção nãosócom a presença do Fantasma, mas também com o que ele tem a dizer.

Tem sido escrito mais sobre *Hamlet* do que sobre qualquer outra peça da literatura inglesa. Em alguma parte de todo esse escrutínio, o óbvio se perdeu, e, portanto, você deve encontrá-lo por si mesmo. Comece, por exemplo, buscando os elementos que despertam o interesse pelo Fantasma, antes de sua primeira aparição. A primeira fala da peça – a de número 1, na maioria das edições, é: "Quem vem lá?". Imediatamente, queremos saber quem-ou oque-está perambulando pelos parapeitos. E precisamente alguns versos depois, Horácio tem uma fala, elaborada por Shakespeare, para aguçar nossa curiosidade:

HORÁCIO – Então, a coisa apareceu hoje de novo?

1.1.21

Horácio poderia ter dito "o fantasma"; "a coisa", entretanto, é menos definida, mais provocante. Por seis ou sete versos mais, ficamos ansiosos, atraídos por todos, cada um dos novos fragmentos de informação sobre "a coisa".

HORÁCIO – Então a coisa apareceu hoje de novo?
BERNARDO – Não, não vi nada.

1.1.21-22

Entretanto, isso nãosatisfará ou relaxará o espectador, nem sequer por um momento, porqueelesabeque Bernardo não podia ter visto nada – ele acabara dechegar. A implicação que toma a antecipação excitante – e, portanto, também a atenção – é que essa "coisa" poderia aparecer em qualquer instante.

MARCELO – Afirma Horácio que é ilusão de nossa parte:
Não vai deixar tomá-lo a crença nesse espectro
Que duas vezes já, terrível, percebemos.

1.1.23-25

(Essa "coisa" é agora uma sombra mais definida: "terrível". Mais e mais aguçados estão nossos apetites.)

Por isso eu lhe roguei que viesse até aqui,
Para passar conosco as horas desta noite:
Assim, ser-lhe-á possível, se o fantasma vier,
Confirmar nossos olhos e falar com ele.
HORÁCIO – Ora!… não vai surgir aparição nenhuma.

1.1.26-30

O espectador conhece algumas coisas que Horácio ignora; tem, pois, menos razão para duvidar. Primeiro: o espectador sabe que se trata de uma peça e que, quando uma peça aguça o apetite por algo, frequentemente esse algo vale a pena. Segundo: o espectador sabe que é *meia--noite* – um detalhe revelado no verso 7 da peça. Horácio pode não acreditar em fantasmas e talvez mesmo, ninguém do público; mas esse mesmo público sabe que se um fantasma está para aparecer (e também p a falar), com todas as probabilidades, deve ser à meia-noite .
Melhor ainda, Shakespeare providenciou antecipações, que prometem um momento decisivo para quando Horácio, o racional, o cético e descrente Horácio ("Ora!… Não vai surgir aparição nenhuma") tiver de se defrontar com a "coisa" em que não crê. Assim, antes da primeira aparição do Fantasma, o público se toma ávido por dois

eventos altamente teatrais: o aparecimento de um terrível espectro e seu confronto com um homem que afirma que ele não vai aparecer.

Se as primeiras quarenta linhas forem apresentadas como uma simples conversa introdutória, o público não será agarrado.e seu apetite não será aguçado. Com isso, a aparição do Fantasma terá um efeito apagado, a despeito de todo e qualquer nevoeiro, dos frêmitos dos sons arrepiadores e das lúgubres luzes que a produção puder reunir. Mas, se as antecipações das primeiras quarenta linhas forem encenadas com intencional nitidez, o público irá inclinar-se para frente, cheio de antecipação e de aguda atenção. E o Fantasma, mesmo sem nevoeiros, sem luzes, sem efeitos sonoros será o mais teatralmente efetivo. Sons, luzes e nevoeiros podem ser usados, é evidente, mas não se pode negligenciar a essência do que Shakespeare escreveu: simples, competentes, eficazes *antecipações*.

Todavia, isso é apenas o começo. A real intenção de Shakespeare é levar-nos a ouvir, com acuradíssima atenção, o que o Fantasma diz na sua fala a Hamlet (Ato I, Cena 5). Mas nós, nós entramos no teatro sem qualquer preocupação com esse Fantasma, seja lá de que tipo ele for. Shakespeare, por isso mesmo, ocupa-se, em seiscentos versos, em conduzirnos a nos preocuparmos para garantir que a teatralidade da mera presença do Fantasma não se sobreponha a suas palavras cruciais. Veja o quanto a manobra de Shakespeare é óbvia e reiterativa:

HORÁCIO – (ao Fantasma)
   Quem és, que este noturno ensejo assim usurpas,
   E ainda aquele aspecto belicoso e nobre
   Com que marchava a já sepulta majestade
   Do Rei da Dinamarca? *Oh, fala, pelos céus,*
   Ordeno-te!
MARCELO –   Ofendeu-se.
BERNARDO –   Vede, vai partindo.
HORÁCIO – Detém-te e *fala! Fala,* ordeno-te que *fales!*
  (o Fantasma desaparece)

MARCELO – Ele se foi daqui. *Não quer nos responder.*[1]

1.1.46-52

Cinco vezes em quatro versos, somos levados a compreender que o Fantasma *se recusa a falar.* Que melhor meio pode haver para Shakespeare nos manobrar (e para o Fantasma manobrar Horácio), a fim de que queiramos saber o que o Fantasma tem a dizer?

Setenta e quatro versos depois, o Fantasma retorna. Entrementes, recebemos uma grande quantidade de exposição, o material informativo sobr a Dinamarca e a Noruega, sobre a identidade do Fantasma na vida real, sobre a atual e horrenda situação política e sobre o aparecimento de espectros amedrontadores, prognosticando atos vis e odiosos (os versos 112-126 falam de mortos perambulando, guinchando e algaraviando nas ruas de Roma; precisamente antes do assassínio de César). A curiosidade extrema sobre o Fantasma faz com que ouçamos cuidadosamente tudo quanto está contido na concentrada exposição-informação na qual teríamos diminuto interesse e à qual prestaríamos pouca atenção não tivesse Shakespeare nos levado a *querer saber.* As manobras fazem-nos querer fazê-lo.

Assim, com a segunda entrada do Fantasma, ficamos sabendo mais. ·

Horácio tenta de novo e, ao fazê-lo, cresce o nosso desejo de ouvir o que Fantasma deve ter para dizer.

HORÁCIO – (ao Fantasma)
> Detém-te, ó ilusão; Se podes causar som
> Ou usar a voz, *dirige-me a palavra!*   (Speak to me!)
> Se existe alguma boa ação a ser cumprida,
> Que repouso te dê, e a mim merecimento,
> *Dize qual é!*   (Speak to me!)
> Se sabes que infortúnio pende sobre a pátria,
> E se a presciência, acaso, o pode conjurar,
> *Oh! Fala!*   (O, speak!)

1. Grifo nosso.

Ou se, durante a vida, na matriz da terra
Um tesouro extorquido tu acumulaste,
Motivo – dizem – por que amiúde vós, as almas,
Em morte retomais, *revela-me se é isso!*[2]   (Speak of it:
stay, and speak!)

1.1.127-139

Mas cinco "falas!" ("speak!") agem sobre nós. Estamos preparados para ouvir o Fantasma falar. Em vez disso, ouvimos o canto do galo e o Fantasma se afasta.

Estamos despertos mas não alimentados. E Shakespeare não terminou ainda. Quando ele fizer o Fantasma falar, seremos os ouvintes mais atentos que possam existir. As antecipações continuam quando Horácio conta a Hamlet o que se passou:

HAMLET –   E vós *não lhe falastes?*
HORÁCIO – Falei, Senhor, mas ele *não me deu resposta.*
            Afigurou-se-me, contudo, em dado instante,
            Que ele erguera a cabeça e ia esboçar um gesto,
            Tal como se quisesse *dirigir-me a voz*[3]
            Mas então cantou alto o galo da alvorada,
            E, a esse canto, ele partiu a toda pressa,
            Sumindo-se de nossa vida.

1.2.214-220

É tão aflitivo que *quase* o ouvimos falar.

Quando a Cena 2 termina, recebemos uma outra sugestão do que está por vir; Hamlet não pensa que o Fantasma pressagia algum mal do futuro, mas antes sobre algo que já aconteceu e que agora está oculto.

HAMLET – Quisera eu que a noite já tivesse vindo,
            Mas até lá, minh'a lma, permanece calma!
            Inda que a terra inteira, os haja de esconder,
            Os atos vis terão no fim de aparecer.[4] (Sai.)

1.2.256-259

2. Grifo nosso.
3. Grifo nosso.
4. Idem.

Esses dois últimos versos rimam. Muito frequentemente se considera que os dois versos rimados arrematam perfeitamente e coroam a cena que finalizam. Na reaJ.idade, porém, eles fazem exatamente o contrário: *eles não nos dizem o que se passou, mas aludem ao que está por vir.* Eles rimam a fim de se tornarem distintos em uma outra cena não rimada. Sendo distintos, podem funcionar como antecipação pertubam-nos, intensificando nosso apetite pelo que há de vir.

> *Inda que a terra inteira os haja de esconder,*
> *Os atos vis terão no fim de aparecer*[5]

Desse modo, o final da Cena 2 captura-nos, aumentando a nossa curiosidade para ouvir o que o Fantasma dirá, o que irá revelar. Agora, pensamos que o Fantasma irá desenterrar algum ato horrível. Estamos prontos para nos pendurarmos em cada uma de suas palavras.

Mas Shakespeare ainda não terminou, leia o Ato 1, Cena 4, e o começo do Ato 1, Cena 5. E imagine-se com a disposição da mente do público: você está desesperado para ouvir o que o Fantasma tem a dizer.

> (Entra o Fantasma).
> HORÁCIO – Olhai, Senhor, está surgindo!
> HAMLET – Valham-nos anjos e ministros celestiais!
> Ou bom espírito ou demônio condenado,
> Tragas contigo virações do paraíso
> Ou rajadas do inferno, sejam teus intentos
> Benéficos ou maus, surges com aparência
> Tão apta a provocar a minha indagação,
> Que quero te falar. E hei de chamar-te Hamlet,
> E soberano, e pai, e real Dinamarquês.
> Responde!

1.4.38-45

Veja como essa última frase deve aparecer no exemplar usado pelo assistente de direção:

---

5. Idem.

HAMLET - E hei de chamar-te Hamlet ,
(sem resposta)
E soberano!
(sem resposta)
E pai!
(sem resposta)
E real Dinamarquês!
(sem resposta)
Responde!

Quantos Hamlets se arremeteram a esses "vocativos" sem jamais esperar por uma resposta, e depois, insensivelmente, exclamaram: "Responde!", como se tivessem dado à coisa maldita a oportunidade para falar. Mas o Hamlet que Shakespeare criou quer uma resposta, está terrivelmente em busca de uma resposta. A plateia estimulada, porque o poeta usa de antecipações, está igualmente querendo respostas. Assim, continua Hamlet:

HAMLET – Não me deixe presa da ignorância,
Mas *dize-me: por que* teus ossos consagrados
Romperam a mortalha dentro do sepulcro?
Por que é que a tumba, onde te vimos posto em paz,
Abriu suas pesadas e marmóreas faces
Para te devolver? *O que é que significa*
Isso de assim coberto de aço, ó corpo morto,
Vires revisitar os rasgos do luar,
Tomando a noite pavorosa e nos fazendo
– Nós, que da natureza somos o ludíbrio
– Horrorizados sacudir a nossa mente
Com pensamentos que nossa alma não atinge?
Dize, qual o motivo disso?
(sem resposta)
Para quê?[6]
(sem resposta)
Que devemos fazer?
(O Fantasma acena a Hamlet para que o siga.)

1.4.46-57

6. Grifo nosso.

82

Nas trinta e cinco linhas seguintes, Hamlet luta por ouvir o que o Fantasma tem a dizer. As outras personagens tentam dissuadir Hamlet. Mas Shakespeare manipulou o público de modo a querer exatamente o que sua personagem quer. Nosso destino, nesse momento, é o de Hamlet. Para o público alcançar o que quer (ouvir as palavras do Fantasma), Hamlet deve acompanhar o Fantasma, a despeito dos obstáculos:

HORÁCIO –   Está vos acenando
Para o seguirdes, como se em particular
Quisesse vos dizer alguma coisa.

1.4.58-60

(Isto é: como se ele quisesse *lhe dizer* algo em particular – e isso é também uma outra antecipação.)

MARCELO –   Vede
Com que polido gesto vos convida a ir
A algum lugar mais afastado: mas não vades.
HORÁCIO – Não, não, de modo algum.
HAMLET –   Ele não quer falar:
Irei com ele, pois.

1.4.60-63

("Ótimo!" pensa o público, querendo ouvir o que o Fantasma dirá.)

HORÁCIO –   Senhor, não o façais.

1.4.65

("Péssimo!" pensa o público.)

HAMLET – Por quê? Não há razão alguma para medo.
Um alfinete vale mais que a núnha vida;
Quanto a núnh'alma, que perigo há para ela,
Se é algo de imortal,. tão imortal como ele?
Eis que outra vez me acena. Vou acompanhá-lo.

1.4 .64-68

(Verifique os obstáculos que Horácio procura atirar no caminho de Hamlet.)

HORÁCIO – E se atrair-vos para as ondas, meu Senhor,
Ou para o topo horripilante da falésia
Que avança para o mar além de sua base,
E lá assunúr diversa e pavorosa forma,
Que da soberania da razão vos prive
E à insânia vos arraste?

1.4.69-74

(Loucura? "Hum", pensa o público, "o que há por aqui?
O que vem *depois?*")

HORÁCIO – (continuando)   Meditai um pouco:
O mero sítio, sem nenhum outro motivo,
Leva a desesperadas alucinações
Qualquer pessoa que contemple o mar embaixo
– Tantas braças embaixo! – e escute o seu rugido.
HAMLET – Não pára de acenar-me. Vai, que irei contigo.
MARCELO – Não, não ireis, Senhor.
HAMLET -   Distância com as mãos!
HORÁCIO – Sede razo ável: não ireis.
HAMLET -   Meu fado clama,
E põe audaz como os tendões do leão de Nemeia
Até o menor dos ligamentos de meu corpo.
Soltai-me, cavalheiros, que me está chamando.
        (Desvencilha-se deles, e puxa a espada.)
Por Deus, farei fantasma quem quiser obstar-me.
Deixai-me, estou dizendo, (ao Fantasma)
Vai, que irei contigo.

1.4.74-86

Finalmente, Hamlet afasta-se com o Fantasma. Agora, estamos prestes a alcançar aquilo por que estivemos ansiando:

HAMLET – (ao Fantasma)
Aonde queres me levar? Fala, que eu não
Irei mais longe.
FANTASMA –   Escuta.

1.5.1-2

("Escuta" ["Mark me"] – talvez seja uma das falas mais dramáticas da literatura.)

84

Shakespeare não faz rodeios. Desencadeia uma série de antecipações, fazendo o Fantasma pedir repetidas vezes para falar. Existe algo na peça que tenha sido repetido tantas vezes? Shakespeare chegou a esse extremo porque a fala do Fantasma contém a exposição mais importante da peça; a ação depende da apreensão, pelo público, de cada detalhe. Porque Shakespeare estimula a ansiedade do público para ouvir, o público ansiosamente realiza a sua parte – a disposição necessária para ouvir cuidadosamente.

Um exemplo de como um detalhe relativo é importante: o Fantasma conduz Hamlet não para a estrita vingança de sua mãe. Se esse detalhe não for percebido, então a conduta de Hamlet em relação a Gertrudes, à medida que a peça avança, parecerá confusa e irracional.

Se você assimilar corretamente a técnica de antecipações (chamadas), você terá condições para encenar a peça de modo que o público não venha a perder uma palavra sequer da fala do Fantasma. Você pode, também, ignorar os seiscentos versos do esforço técnico de Shakespeare e apresentar um Fantasma confiando totalmente nos efeitos de cena para captar a atenção. Nesse caso, você deveria também eliminar todas as palavras do Fantasma e fazê--lo movimentar os braços, guinchar, algaraviar e gritar para assustar, e ser vaiado .

Uma exploração acertada de antecipações bem elaboradas permitirá à encenação arremessar-se a si mesma e a seu público na torrente de ação que é *Hamlet*. Ao mesmo tempo, manipulando o público a prestar uma firme atenção na fala dofantasma, estabelece-se uma base estrutural e emocional que pode permanecer durante a representação toda.

Dísticos Antecipadores

Observamos outras antecipações. Uma modalidade já foi citada: os dísticos rimados que finalizam muitas das cenas de Shakespeare:

HAMLET – Mas até lá, minh'alma, permanece calma!
Inda que a terra inteira os haja de esconder,
Os atos vis terão no fim de aparecer.

1.2.256-257

Vejamos alguns outros, a fim de verificar de que modo impelem a atenção do público para a frente:

HAMLET – Preciso de razões mais concludentes que essas;
A consciência do Rei se trairá com a peça![7]

2.2.632-634

E é ansiosamente que nós aguardamos o evento.

HAMLET – Será sangrento o que eu pensar, daqui por diante,
Ou tudo o que eu pensar será irrelevante.*

4.4.65-66

O dístico finaliza a cena em que Hamlet viu as tropas de Fortinbras da Noruega, as quais tiveram um certo efeito sobre ele. No momento, porém, Hamlet é forçado a ir para a Inglaterra – deixando, aparentemente, a ação. Assim, para que nossa atenção não esmoreça, Shakespeare nos dá algo para olhar para diante: pensamentos sangrentos significam uma ação que não esmorece.

De *Otelo*:

IAGO – Pronto: já está gerado. *A noite e o inferno*
à *luz hão de trazer meu plano eterno.*[8]

1.3.408-409

Mesmo que você nunca tenha lido *Otelo*, sua curiosidade foi estimulada pelo que virá. Algumas cenas depois, Iago fala da noite que está por vir:

7. Grifo nosso.
* Esse dístico não rima em inglês (*forth/worth*), mas rimava em 1601: "O, from this time forth / My thoughts be bloody, or be nothing worth." (N. da T.)
8. Grifo nosso.

IAGO –   Minha sorte
se decide hoje: ou caio, ou fico forte.*

5.1.128-129

Shakespeare, continuamente, está-nos antecipando o futuro. Podem-se encontrar poucos momentos, se alguns houver em suas peças, em que uma ou outra antecipação não exista realmente.

O emprego de antecipadores dísticos rimados para finalizar uma cena é uma prática característicados dramaturgos elisabetanos e de uns poucos imitadores; em si mesmo, na realidade, não é tão im portante. Mas o princípio antecipatório *existe*: por isso, examine vários dísticos rimados para adestrar-se na compreensão e no uso de antecipações (chamadas). É maneira segura de familiarizar-se mais com as peças.

Outras Antecipações

As peças contêm antecipações menores para manter-nos na expectativa de momento a momento; e antecipações importantes, que lidam com a ação total da peça. A peça, implicitamente, faz promessas, mais cedo ou mais tarde as forças antagônicas terão de defrontar-se. Mais cedo ou mais tarde, Hamlet terá de defrontar-se com Cláudio. A antecipação desse confronto pode manter o público absolutamente atento, durante a noite toda. Uma encenação que não se esforçar por manter o público ansioso pelo confronto será, com certeza, enfadonha, não importa o quão fascinantes sejam suas partes constituintes.

Shakespeare avança até o limite máximo de provocação e *quase* nos apresenta o confronto Hamlet/Cláudio (domesmo modo como o fez quando o Fantasma *quase* falou antes do canto do galo); mas Hamlet sai pé ante pé e deixa o Rei rezando (Ato III, Cena 3). E, muitas e muitas vezes, Shakespeare nos estimula para o confronto final do fim da peça.

* Tradução de Carlos Alberto Nunes. (N. da T.)

87

Aliás, em qualquer peça a promessa de um confronto fundamental deve ser utilizada com o fim de despertar a ansiedade do público. Mais cedo ou mais tarde, Macbeth tem de arcar com as consequências de seus atos e nós devemos ser conduzidos a querer segui-lo.

O público sabe que Edmundo e Edgar, os desunidos irmãos de *Rei Lear,* eventualmente devem chegar a uma explicação. E do mesmo modo, Lear e Cordélia. Mas o público deve ser conduzido, persuadido, seduzido a desejar ser testemunha. *Nisso reside a tensão de uma encenação.* É, justamente, a fa,lta de tensão que arruína mais produções que qualquer outro.problema específico.

Algumas vezes, a promessa de uma antecipação não se realiza. Aquilo por que ansiamos tanto, não ocorre nunca. Mas isso é o de menos. O dramaturgo não nos eJ,tá enganando. Logo no começo de *O Jardim das Cerejeiras* de Tchékhov, alguém brinca com um revólver. Naqueles tempos, a presença de um revólver em uma peça prenunciava um tiro no final. Inutilmente o público esperou e esperou; ninguém em *O Jardim das Cerejeiras* leva um tiro. Fomos dominados pela antecipação de algo que não acontece. (Isso é o que muita gente chama de "tchekhoviano".) Mas, a despeito do fato de que nenhum tiro ocorre, *o efeito da antecipação é o mesmo:* o público foi manipulado para prestar rigorosa atenção.

Mais cedo ou mais tarde, como esperam Vladimir e Estragon, Godot vai chegar. Ficamos tão ansiosos quanto eles pela chegada de Godot, mas a promessa não se realiza jamais. Não importa, a antecipação cumpriu seu objetivo, o de nos conduzir através da peça. (Certamente, *Esperando Godot* é, hoje, um clássico; e nós, pessoas sofisticadas, sentamo-nos cheios de empáfia, na plateia, cientes de nosso conhecimentosuperior de que Godot jamais virá. Em compensação, com muito mais probabilidades, ficaremos entediados, o que não deve ter acontecido com os afortunados espectadores que viram a peça nos primeiros anos, impregnados da deliciosa, esmagadora tensão de que a qualquer momento Godot poderia aparecer.)

Em Édipo-Rei, o público vai para o teatro conhecendo já a terrível verdade do protagonista. Os próprios atenienses, no dia da estreia de Sófocles, a conheciam. Se a expectativa fundamental não ocorre em *O Jardim das Cerejeiras* (a falta do tiro) e em *Esperando Godot* (Godot não vem) – em Édipo*Rei* ocorrerá, e disso nós temos certeza. Mas a expectativa não está, apenas, na emersão de uma verdade que já conhecemos e que compreendemos integralmente. O que nos faz ficar ansiosos é esperar para ver como Édipo reagirá quando *ele* descobrir sua terrível verdade. *O que fará* esse orgulhoso, seguro, moral, feliz, bem-nascido homem e herói, quando descobrir o horror emboscado sob seus lençóis e, atrás, nas esquinas, correndo pelas ruas? Se você não conseguir com que fiquemos ávidos para descobri-lo, você nada tem a ver com a peça. E só nos entregará uma irrelevante cegueira.

Há alguns anos, em *All in the Family* – programa de televisão que contava com a preferência geral dos espectadores – Archie Bunker, no papel de um fanático intolerante, abria a porta da frente de sua casa para saudar pela primeira vez seu novo vizinho. A cena terminava com a descoberta de Archie: ele e seu vizinho não eram da mesma raça. Duvida-se que um único seletor de canais tenha sido tocado durante o comercial. Todos queriam saber o que o intolerante e fanático Archie faria *a seguir.*

Seja de Shakespeare, de Sófocles ou dos autores de *Ali in the Family,* de Beckett ou de Tchékhov – qualquer texto que é capaz de segurar o público está repleto de antecipações. Algumas são até muito simples. O psiquiatra de *Equus* joga uma fala ao acaso. No caminho para visitar pela primeira vez a casa do rapaz que ele está tentando curar observa: "Se houver (naquela casa) alguma tensão sobre religião, ela seria evidentei numa noite de 'Sabat'".

Aparentemente, uma fala desperdiçada; todavia, ela nos faz prestar uma atenção mais rigorosa à cena que se passa na casa do rapaz, esperando que ocorra alguma tensão a respeito de religião. Em troca de uma atenção rigorosa, foi nos prometida uma cena teatral e é isso que obtemos. Como um prêmio, nossa atenção é orientada para o tópico importante da peça.

Equus* é uma ótima peça para estudar por causa das antecipações de queestá repleta. Desde a primeira imagem, nossa curiosidade é despertada; por isso, prestamos rigorosa, aguda atenção a coisas que provavelmente, quando entramos no teatro, teriam pouco interesse para nós. Procure e examine as inúmeras antecipações de *Equus*. Peter Shaffer é um mestre nelas. Você aprenderá muito.

As antecipações fazem com que nos sentemos quietos e nos mantenhamos curiosos; além disso, elas nos centram naquilo que o autor considera os elementos mais importantes. Se eu lhes disser que o próximo capítulo lhes reserva a anedota mais engraçada da língua inglesa, uma peça de ultrajante pornografia, capaz de despertar qualquer um, o mais assustador conto de vampiros jamais contado, o segredo de como conseguir um trabalho no teatro, *e* uma foto minha escrevendo este livro, você provavelmente lerá o capítulo seguinte – quer eu esteja mentindo ou não.

Isso é uma antecipação (chamada-gancho).

ENFOQUE: *A tensão dramática exige que o público deseje descobrir o que está por vir. Quanto maior o desejo, tanto maior – e mais ativo – o envolvimento do público . Os dramaturgos empregam muitas técnicas de antecipações – para aumentar a curiosidade pelo que está por vir. Essas técnicas são, também, a chave para localizar os elementos que o dramaturgo considera importantes.*

---

* Trad. bras., Perspectiva, São Paulo, 1978. (N. da T.)

10. AUSÊNCIA DAS PESSOAS (PERSONAGEM)

Quem vem lá?

Hamlet, 1.1.1.

A análise e o desenvolvimento da personagem são muito especializados no drama. Alguns métodos valiosos para a composição não dramática podem ajudar, alguns outros causam embaraços por produzirem resultados nulos.

Isso porque, no drama, a personagem se revela de um único modo: pela *ação*, aquilo que a pessoa faz, seus atos – *deeds**; a própria palavra *deed* significa "verdade" e é abreviatura de *indeed***. É através dos atos que os seres humanos revelam terem sempre assumido uma personalidade. São tão raras, no drama, outras formas de revelação da personagem que somos levados a empregar convenções especiais. (Há uma exceção, mas é perigosa, como se verá.)

* *Deeds* = atos, feitos. (N. da T.)
** *Indeed* = de fato, na verdade, na realidade. (N. da T.)

91

Uma personagem se constitui de todas as qualidades, traços e aspectos que criam a natureza de uma pessoa e distinguem essa pessoa de outra.

Uma personagem pergunta: "Quem sou eu?". A resposta mínima é um nome. "Quem é você?" pergunta a recepcionista de um consultório dentário, ao anotar a hora da consulta. O cliente dá um nome, o que, para as circunstâncias, é uma resposta suficiente. A resposta máxima é infindável. O cliente poderia elaborar uma resposta interminável, dizendo por horas, dias, meses, quem é.

Em algum ponto, entre o mínimo (apenas o nome) e o máximo (palavrório ilimitado sobre si mesmo), converge a quantidade de informação necessária para criar uma personagem, na literatura. A literatura não dramática, em geral, oferece muito mais informação sobre a personagem que o drama. De fato, o drama mal oferece algumas. Provavelmente você sabe mais sobre a maioria de seus conhecidos que *qualquer pessoa* sobre Hamlet. Essa diferença entre o muito que se sabe sobre conhecidos e o pouco que se sabe sobre Hamlet se deve a alguma coisa que é óbvia, em se tratando de drama – óbvia, mas quase sempre ignorada.

Não existe essa pessoa – Hamlet.

Não existem como pessoas: Rei Lear, ou Willi Loman, ou Édipo, ou Archie Bunker. Eles não existem. Jamais existiram. Minimamente existentes nos textos, são acumulações esqueletais de traços cuidadosamente selecionados. A personagem que resulta de uma elaboração textual se constitui de muito pouco – porque *a natureza de qualquer personagem de teatro é lenta e paulatinamente construída pelo ator em seu papel.* Olivier é Olivier, Brando é Brando. O Hamlet de um ator só é um pouco parecido com o Hamlet de outro ator, mesmo se ambos tiverem interpretações idênticas – porque a semelhança entre Olivier e Brando é pequena.

As personagens de uma peça não são *reais*. Você não conseguirá extrair do texto tudo que é preciso saber delas. O dramaturgo não pode oferecer muito, porque, quanto mais revelar, mais difícil será distribuir o papel. O dramaturgo tem de deixar *em aberto* a maior parte da caracterização da personagem, a fim de que a ele se possa ajustar a natureza do ator. Essa é uma razão pela qual os romances são mais longos que as peças; os romances não necessitam de espaços vazios para os atores. Assim, há mais dados sobre Ahab do que sobre Édipo. Seguramente, sabe-se mais de Miss Marple que de Édipo. *Os textos de teatro contêm ossos. Não pessoas.*

Os bons dramaturgos centralizam sua escolha de ossos sobre aqueles que tornam a personagem ímpar. Consciente de tal imparidade, o ator completa a parte restante da pessoa humana.

Os ossos – os traços da personagem, cuidadosamente selecionados e presentes no texto – são revelados, apresentados, via ação.

Expedientes adicionais como um coro, ou narrador, ou a apresentação de pensamentos, via solilóquio, ou uma exposição (com frequência, desastrosa, desajeitada, empurrada boca a dentro: "Como você deve saber, eu sou seu honesto, mas inepto irmão") são periféricos, remontam a convenções especiais, e raramente oferecem informação que já não tenha sido revelada em outro lugar – e melhor ainda – através da ação.

Tais recursos não devem ser ignorados, mas são apenas auxiliares da ação, como uma fonte de informação.

Lembre-se de que ação não significa gesticulação ou corridas e pulos de um lado para o outro. A ação resulta daquilo que uma personagem *faz* para conseguir o que ele, ou ela, quer (motivação), a despeito de obstáculos. O primeiro passo para penetrar na personagem é descobrir: (1) o que a personagem quer; (2) o que se antepõe à caminhada da personagem (obstáculo); (3) o que a personagem faz ou está disposta a fazer para conseguir o que quer. (Esta fase, é claro, vem após o óbvio: nome, idade, sexo, posição e situação na peça. Por exemplo: Hamlet acabou de fazer trinta anos – como revela uma leitura cuidadosa do Ato v, Cena 1 – é homem, é Príncipe da Dinamarca e está de luto por seu pai. Não ignore o óbvio. Muitos são os que se esquecem de que Hamlet é um príncipe, a despeito do título da peça – *Hamlet, Príncipe da Dinamarca* – por isso, não prestam atenção ao fato de que um príncipe tem, naturalmente, certas expectativas e dele se esperam certas coisas. Isso tem muito a ver com a peça.)

Uma vez levantado o óbvio, estude o que a personagem faz.

A descrição que uma personagem faz a si mesma (autodescrição), ou o modo como as outras descrevem uma personagem – não são absolutamente confiáveis, pela simples razão de uma particularidade da vida real: o que as pessoas *dizem* não é absolutamente confiável. Polônio *diz* coisas sobre Hamlet.

POLÔNIO (*a Cláudio e a Gertrudes*) –
> Serei sumário: o vosso filho endoideceu.
> Doido, digo eu: pois definir a vera insânia,
> Não vejo como: a insânia é alguém estar insano.
> Mas chega disso.

2.2.92-97

Afinal, argumenta Polônio, Hamlet, as meias caindo-lhe nos tornozelos, não falou ele de uma maneira estranha com Ofélia? E, porque Polônio, o único dentre todos, tacha Hamlet de insano, gerações de leitores e de críticos concordam. É fácil concordar quando apenas se lê – os leitores cometem, facilmente, o erro de enfocar mais o que é dito do que aquilo que é feito. O espectador, porém, se detém no que é feito; além disso, as peças são escritas para o público.

O que aconteceu? Antes de mais nada, Hamlet, com as meias caindo até os tornozelos, fala estranhamente com Ofélia, com um objetivo definido: *fazer com que Polônio pense que ele está louco.* A manobra é tão bem-sucedida que não só Polônio mas gerações de leitores comentaristas ficaram convencidos. Esses comentaristas estão tão enganados quanto Rosencrantz e Guildenstern o foram, por Hamlet, declarando-se deprimido:

HAMLET (*a Rosencrantz e a Guildenstern*) –
> Fugiu-me ultimamente, mas não sei porque, toda

> a minha alegria, e renunciei à prática dos
> exercícios: e tudo me desagrada a tal ponto,
> que esta bela estrutura, a terra me parece um
> promontório estéril; [...]
>
> 2.2.295-299

Não só Rosencrantz e Guildenstern, mas inúmeros são aqueles que julgam Hamlet pelo que diz, nessa passagem. Mas, não havia Hamlet, um momento antes, descoberto que Rosencrantz e Guildenstern tinham sido mandados para espioná-lo? Hamlet tinha todas as razões para lhes mentir, e *ele mente.*

A autodescrição não pode ser absolutamente confiável, porque as personagens, com muita frequência, têm motivos para enganar os outros. Igualmente, a descrição de uma personagem feita por outra personagem não pode ser absolutamente confiável, porque aquele que descreve pode estar enganado, ou pode estar mentindo.

A descrição deve ser comprovada pelo exame da ação. A ação, ou comprova a descrição, tornando-a pois redundante; ou revela que a descrição está errada. Redundante ou errada: é só isso que a descrição pode ser.

Ação / O Quê e Ação / Por Quê

O que a personagem faz é metade da revelação.
Por que a personagem faz é a outra metade.

Hamlet fere mortalmente um velho indefeso (ação/o quê). O ato parece revelar um Hamlet desumano e desleal. Mas, *por que* ele faz isso? Por que matar Polônio? Teria Hamlet pensado que era Cláudio que estava por trás dos reposteiros? Se fosse esse o caso, Hamlet ainda seria considerado desumano e desleal? Ou: se Hamlet sabia que era Polônio, nossa conclusão sobre seu caráter seria modificada pela possibilidade de Hamlet saber que Polônio poderia ter sido corresponsável pelo crime de Cláudio?

Eu não costumo dar pontapés em cães. Eu gosto de cães. Chutar cães não está "de acordo com minha índole". Mas eu chuto um. Isso significa que eu não gosto de cães? Não necessariamente. Ação/o quê – chutar um cão; ação/por quê – o cão está furioso e morde seu pescoço. Com meu próprio risco, procuro livrá-lo do cão.

Ou: eu gosto de cães, mas não de cães bonitinhos. Eu chuto cães bonitinhos.

As variações da ação/por quê geram conclusões diferentes sobre as personagens.

Ação Expressa / Por Quê versus *Ação Verdadeira / Por Quê*

A diferença entre a ação *expressa*/por quê e a ação *verdadeira*/por quê frequentemente revela muito sobre a personagem. Cláudio, tendo providenciado que Hamlet fosse morto na Inglaterra, diz a Hamlet *por que* está sendo enviado para lá; por ter assassinado Polônio, ele, Hamlet, está em perigo. É o que Cláudio alega.

CLÁUDIO – Teu feito, Hamlet – para tua segurança,
        Que temos bem presente, embora nos magoe
        O que fizeste –, deve-te afastar daqui
        Com ardente rapidez. Prepara-te, portanto,
        O barco já está pronto, o vento de feição,
        À espera, os companheiros: tudo tem por alvo
        A Inglaterra.
HAMLET – A Inglaterra?
CLÁUDIO – Certo, Hamlet.
HAMLET – Bom.
CLÁUDIO – É o que acharias se soubesses nosso intento.
HAMLET – Eu vejo um querubim que o vê.

4.3.40-48

Hamlet conhece a ação verdadeira/por quê – ou, pelo menos, suspeita que o Rei não pretenda boa coisa. Tanto no palco, como na vida real, quando descobrimos a diferença entre a ação expressa/por quê e a ação verdadeira/por quê, captamos, de imediato, as intenções de uma pessoa.

Em resumo: do começo ao fim, o caráter de uma personagem está na ação – aquilo que é *mostrado*, e não o que é descrito por palavras. Uma personagem se revela por meio do exame simultâneo de ação/o quê e de ação/por quê; e pela diferença entre ação expressa/por quê e ação verdadeira/por quê.

Em outras palavras: a ação fala mais alto que as palavras; as palavras (o que se diz) têm menor valor.

Isso não significa, é claro, que as palavras não sejam importantes. Todavia, se apenas descrevem, são suspeitas. Se você me diz "Feliz Natal!" e eu digo "Eu sou um irritadiço camarada que detesta a época do Natal" – o efeito teatral é irrisório. Eu fiz minha própria descrição e os espectadores tendem a conferir pouca atenção à descrição. No entanto, se você diz "Feliz Natal" e eu lhe atiro na cara "Bobagens! Pura tapeação!" Você – e os espectadores – acabam de me ver em ação.

Subjetividade, Mudança da Personagem, Mistério

As ações do palco que com mais riqueza revelam uma personagem, funcionam do mesmo modo que as ações da vida real. Você deve descobri-las por si mesmo, porque a maneira como eu interpreto o que vejo difere da maneira como você interpreta o que vê. Enquanto eu observo, muito do que eu percebo baseia-se em quem sou *eu*, e não, propriamente, em quem você é. Não é possível uma análise objetiva da personagem. De certo modo, *a caracterização depende dos olhos do observador, porque: nós sempre julgamos os outros segundo o nosso próprio ponto de vista.*

Pode-se inferir, portanto, que uma personagem oferece uma grande abertura interpretativa. Podemos todos estar de acordo com o enredo, porque está todo no texto e, em geral, sem ambiguidades. Podemos mais ou menos concordar com os temas da peça. Raramente, porém, dois leitores veem do mesmo modo a mesma personagem. Isto porque devemos julgar meros esqueletos; porque um julgamento individual está em jogo.

O que é importante: no teatro, o sucesso depende dessa percepção da personagem. Acautele-se, pois, contra os atalhos e as armadilhas. Uma armadilha particularmente insidiosa está na velha e desgastada afirmação de que uma personagem se modifica no decorrer de uma peça. A verdade é que as pessoas de uma peça não se modificam mais que as pessoas na vida real. Se mudarem, não acreditaremos nelas. Pode mudar uma atitude, ou uma técnica empregada pela personagem; um traço particular da personagem pode *parecer* que se altera; mas é mais provável que seja a *situação* que tenha mudado. Emerge, então, para compor melhor, o mesmo traço da personagem, um meio mais fácil, ou mais aceitável.

Por exemplo, em *Rei Lear*, Edmundo, o irmão perverso de Edgar, "arrepende-se" abruptamente, no fim da peça.

EDMUNDO – Anseio pela vida; quero fazer algo de bom, a despeito de minha natureza.

5.3.244-245*

Teria Edmundo mudado, ele que destruiu seu próprio pai? Teria esse vilão, de repente, porque soube que estava morrendo (ou isto é o Ato V) mudado sua natureza? Estaria ele, de fato, violando sua própria natureza?

O que realmente aconteceu é mais plausível. Desde o início, Edmundo, filho bastardo, queria igualar-se a seu irmão Edgar, filho legítimo. Assim, Edmundo embarca numa intriga, a fim de conseguir aquilo que o impede de ser igual: as terras de Edgar. Mas, pelo Ato V, Edgar é reverenciado por sua virtude, não por suas terras. Nessas condições, Edmundo tem de *parecer* virtuoso, todo o tempo, para obter o que deseja: igualar-se a Edgar. É o mesmo traço,

* Tradução de Millôr Fernandes. (N. da T.)

o mesmo desejo. A personagem de Edmundo não mudou, é a situação que exige táticas diferentes. Edmundo permanece Edmundo.

Voltando agora ao ponto de partida: para encontrar a personagem, examine a motivação, o obstáculo, o que a pessoa fez ou fará para contornar o obstáculo. Pode o obstáculo mudar, mas a motivação, como um todo, raramente muda. Nós queremos o que queremos, a mudança só ocorre quando tentamos alcançá-lo.

Finalmente: mesmo as melhores caracterizações permanecem mistérios, em essência. Apenas os dramaturgos menores (ou os psicólogos menores) buscam compreender, e até apreender, a totalidade de um ser humano. *Uma personagem, nítida e racionalmente delineada, totalmente explicada, não é apenas impossível, é enfadonha e implausível.* Nada há, na vida real, que com ela se assemelhe. Em última análise, Hamlet, Lear, Édipo permanecem mistérios – *tal como nós, agindo na vida real, em relação aos outros e a nós mesmos.* Esse mistério pode ser tudo o que temos em comum com Medeia ou com Fausto, com Macbeth ou Cyrano, mas é suficiente. Isso é tudo que compartilhamos, conjuntamente, nossa força e nossa fragilidade. Tentar reduzir o mistério fundamental da personagem a simples e imutável máquina é reduzir as pessoas a fórmulas inacabadas, que não as despertam para a vida. E o objetivo do palco é despertar personagem para a vida.

"Quem sou eu?" Ninguém pode dar uma resposta completa, perfeita. Ainda assim, para ajudá-lo a apresentar uma personagem no palco – quer você escreva, ou faça a cenografia, ou desenhe os figurinos, ou dirija, ou atue – agarre o menor fragmento concreto da personagem que você puder descobrir. E lembre-se: mesmo depois de décadas de intenso estudo psicológico e de pesquisas, não há quem conheça meio melhor de apresentar, de interpretar uma personagem – que não seja através do que ela *faz*.

Estude as *pessoas* de uma peça, como se suas vidas dependessem dela. Em seguida, acrescente os atores. O resultado é a personagem.

ENFOQUE: *A personagem é revelada, primeiramente, pelo que uma personagem faz. Até mesmo as melhores peças apresentam apenas um esqueleto, pois, muito daquilo que o público apreende como personagem tem a ver com o ator. Além disso, a personagem é o elemento mais subjetivo do drama, porque cada um de nós apreende diferentemente uma determinada personagem, dependendo de nossa própria natureza. A melhor abordagem da leitura é descobrir o esqueleto da personagem, tal qual é revelado pela ação.*

11. IMAGEM

Faze de minha imagem
um letreiro de cervejaria.
Henrique VI, Parte II, 3.2.81.

Há duas modalidades de comunicação. A primeira, em geral, do domínio da ciência ou da filosofia, descreve os fenômenos, parte por parte, elemento isolado por elemento isolado, tão detalhadamente quanto possível. "Seus músculos faciais retesam-se tanto que chegam a repuxar seus lábios, deixando à mostra seus dentes, cuja brancura contrasta inteiramente com a cor de sua pele." As definições dos dicionários – como por exemplo, a definição abaixo, dada pelo *American Heritage Dictionary* – constituem, em geral, a primeira modalidade de comunicação.

LUA– O satélite natural da terra, visível pela reflexão da luz solar, percorre uma órbita ligeiramente elítica, distante no perigeu de 221.600

milhas aproximadamente, e no apogeu, 252.950 milhas. Seu diâmetro médio é de 2.160 milhas, sua massa, aproximadamente, um octogésimo da terra; e seu período normal de revolução em torno da terra, calculado em relação ao sol, é de 29 dias, 12 horas, 44 minutos.

A segunda modalidade de comunicação não lida com um único elemento de cada vez; expressa, com efeito, uma coleção, uma combinação de múltiplos e de simultâneos elementos que, juntos, exprimem plenitude e totalidade. Essa comunicação, em relação à primeira, de um lado, é menos precisa, de outro, mais evocativa. Pertence ao domínio da arte. "Seu sorriso era um raiar do sol, explodindo através de uma neve em jorros." Ou de *Sonho de uma Noite de Verão*:

TESEU – Ó, eu penso, quão lentamente esta velha lua declina. Ela retarda meu desejo, como a uma madrasta ou a uma viúva.

1.1.3-5

A primeira modalidade não é nem melhor, nem pior que a segunda. Apenas, destinam-se uma e outra a finalidades diversas. A primeira *especifica e limita*. A segunda *expande e evoca*.

A primeira modalidade de comunicação refere-se ao objeto descrito. A lua em si é o sujeito da definição do dicionário. A segunda modalidade, porém – modalidade que se utiliza da *imagem* – refere-se à nossa *reação* ao objeto descrito. A lua, brilhando por entre as árvores da floresta, às quatro horas de uma noite de janeiro, pode ser descrita cientificamente, mas dicionário algum consegue verbalizar nossas reações diante dela. A descrição científica pode descrever cada um dos elementos isolados de unhas arranhando um quadro-negro, mas a totalidade do evento, que deve incluir nossa reação, não vai ser encontrada em um dicionário. A totalidade requer múltiplos e evocativos elementos – e, apresentá-los, é a função da imagem.

"Ela, tal qual um pardal, passeava ao lado do elefante do seu marido." Sem a imagem, eu precisaria de páginas para comunicar tudo que uma frase contém. *Uma imagem é alguma coisa que já conhecemos ou que pode ser facilmente expressa, utilizada para descrever, esclarecer ou desenvolver alguma coisa que não conhecemos ou que não pode ser expressa com facilidade.* Sem imagens, precisaria de parágrafos de descrição, de exemplos, de análises para descrever como minha vizinha dirige seu carro. Todavia, uma única imagem, evocando suas reações a algo que você conhece, comunica em sete palavras: "Ela não dirige, ela tem intenção de."

"Ela abandonou seu marido, tal qual um morcego quando foge da luz." Você interpreta essa imagem (morcego fugindo da luz) de modo um pouco diferente do meu. Essa é a razão por que cada indivíduo tem um modo único de reagir à arte. Estamos discutindo o método não científico, embora o estejamos fazendo, mais ou menos, cientificamente. Na comunicação científica, a ambiguidade é nociva, má. Uma definição é boa quando é precisa. *A precisão, com sacrifício da totalidade, pertence à ciência; a totalidade, com sacrifício da precisão, pertence à arte.* "Ela cozinha como um químico" – nessa frase, não há informação precisa alguma, mas como diz tudo! Você pode ver através dela: como trabalha, como é sua cozinha, e até que roupa pode estar usando. Você pode conjecturar sobre sua personalidade, e até mesmo especular sobre os pratos que serve. Tudo isso, e mais, se comunica em cinco palavras – e se comunica a cada ouvinte, de modo ligeiramente diferente.

As imagens concentram: proporcionam grande quantidade de informação num pequeno espaço. O limite da informação fica na dependência da percepção e da imaginação do ouvinte. No Ato I, Cena 1 de *Hamlet*, Bernardo fala da recusa de Horácio em acreditar na aparição:

BERNARDO – Acometamos outra vez o vosso ouvido
    Aliás fortificado contra a nossa história.

1.1.31-32

Verifique o quanto se comunica nessas palavras: quase um Cecil B. DeMille, descrevendo a globalidade da atitude de Horácio, e o modo como Bernardo lida com ela. E não é por acaso que a imagem é extraída da situação que rodeia o falante: a Dinamarca está se preparando para a guerra e a cena ocorre num parapeito guardado por sentinelas armadas.

O efeito se apoia nas reações individuais, pessoais, aos termos de batalha: "acometamos" e "fortificado contra". Os termos evocam reações ligeiramente diferentes a cada um, ficando na dependência das associações que cada um faz com eles, os termos.

Originariamente, a imagem expressa algo estritamente visual: uma imagem no espelho, ou imagens gravadas no interior das cavernas, ou uma imagem fotográfica – ou qualquer outro tipo de reprodução ótica. Mas aqui, o termo significa uma reprodução, sob qualquer forma, de algo que podemos perceber com nossos sentidos, visão ou outro.

Nas peças, a reprodução aparece, mais frequentemente, sob a forma de palavras, sobretudo quando você está lendo. Você deve estar preparado para reconhecer e extrair as imagens. "Ele entrou no quarto como uma onda de náusea" é uma imagem: a reprodução de alguma coisa que se percebe com os sentidos (náusea). Emprega-se o que conhecemos sobre a náusea para evocar aquilo que não conhecemos: como ele entrou no quarto.

HAMLET – Ó Deus, meu Deus, que fatigantes,
          Insípidas, monótonas e sem proveito
          As práticas do mundo, todas, me parecem!
          Que nojo o mundo, este jardim de ervas daninhas
          Que crescem até dar semente; como o cobrem
          Coisas de luxuriante e rude natureza!...

1.2.131-136

A imagem reproduziu: um jardim abandonado que muitos de nós podemos figurar e assimilar (embora cada um a seu modo), de maneira a poder a ele reagir. Nossas reações nos falam, intelectual e emocionalmente, da atitude de Hamlet em relação ao mundo. "Jardim de ervas daninhas", "que crescem até dar semente", "coisas de luxuriante e rude natureza" –nossas associações e respostas são tão importantes como a precisa informação intelectual que é carreada. (E se eu tiver crescido no campo, onde existem jardins em abundância, minhas associações serão completamente diferentes das suas, que foi criado em uma cidade, usufruindo de nada mais que uma floreira na janela, ou duas.)

À medida que uma peça avança, acumulam-se associações e reações emocionais. Subsequentemente, a acumulação de reações ajuda o espectador, não apenas a entender, mas também a *experimentar* (conhecer) emocionalmente. *A comunicação simultânea da compreensão e da experiência emocional é o domínio da arte.*

A compreensão sozinha, sem o conteúdo emocional, sem a evocação das reações pessoais – é o domínio da filosofia e da ciência.

A compreensão e a experiência emocional podem ser comunicadas simultaneamente, através da imagem – sejam imagens comuns que dão vida a uma frase, sejam imagens de maior alcance, às quais se deve prestar mais atenção (uma coleção de bichinhos de vidro em uma peça de Tennessee Williams). Descubra meios para comunicar essas imagens a seu público; do contrário, você irá horizontalizar sua encenação, reduzindo-a a mera informação.

As Imagens dos Títulos

Lembre-se: sua tarefa, como leitor, é descobrir as características familiares de uma imagem que descreve e esclarece o assunto da peça. Há um grupo de imagens tão óbvias que seus elementos são facilmente ignorados: as imagens contidas nos títulos das peças.

A Dança da Morte de August Strindberg – Quantos já trabalharam com essa peça, sem jamais se preocuparem em investigar a atividade indicada no título? Bastaria procurar no dicionário e a peça toda se esclareceria e o "enigmático Strindberg" confundiria menos as pessoas. Uma dança da morte é uma dança medieval em que os participantes, envolvidos em seus vívidos e intricados movimentos, não se dão conta de que estão sendo conduzidos, passo por passo da dança, a seus túmulos, por um esqueleto que representa a morte. *A Dança da Morte*: a ação central da peça se faz aparente, de imediato, no título – bastaria ter prestado atenção.

The Glass Menagerie (*A Coleção de Bichinhos de Vidro*, no Brasil *À Margem da Vida*) de Tennessee Williams – A imagem é uma coleção de miniaturas de animaizinhos de vidro – delicados, frágeis, sem vida – juntando poeira. A chave para essas e outras qualidades é simplesmente perguntar-se o que você associa com a imagem. Os resultados não proporcionam um rigoroso estudo de caso, mas evocam as mais importantes características das personagens da peça.

The Crucible (*O Crisol*, no Brasil *As Feiticeiras de Salém*) de Arthur Miller – Provavelmente você já tenha lido a peça, ou nela atuado, ou feito a cenografia e os figurinos, ou dirigido, sem considerar seu título. *Crisol* ("Crucible" – cadinho). Mas não se trata de uma peça sobre feiticeiras? Faça sua própria pesquisa sobre isso e relacione o que encontrar com a peça.

Ghosts (*Os Espectros*) de Henrik Ibsen – Nesta peça, ninguém retorna da morte. Mas os mortos ainda pairam sobre os vivos. Omita esse aspecto e você provará não ter entendido a peça.

A Midsummer Night's Dream (*Sonho de uma Noite de Verão*) de William Shakespeare – O que o título evoca? A "noite de verão" o faz pensar em frio e perigo ou em gravidade e melancolia? Ou em coisas muito importantes? Ou evoca exatamente o contrário? E "sonhos"? Trata-se de algo sem substância – coisas que não são "reais" – mas *achamos* que são muito reais, enquanto acontecem. Nesse caso, o título abre o caminho para o âmago da peça.

O que o *sonho* evoca para mim é ligeiramente diferente daquilo que ele evoca para você. Essa é uma parte de seu valor. O bom e verdadeiro artista não busca reações de um grupo, mas um grupo de reações individuais. É preciso, porém, selecionar as imagens mais adequadas, menos prováveis de provocarem uma *reação errada*. Se Tennessee Williams acreditasse que as pessoas pensam nos gatos como perambulando em tetos de zinco quente, ele teria escolhido outro título para sua peça. Mas ele sabia que nossas reações seriam mais ou menos as mesmas. Você e eu podemos visualizar gatos diferentes, com expressões faciais diferentes, tentando modos diferentes de escapar dos telhados incandescentes; mas, ainda que individualizada, a essência da imagem persiste de ouvinte para ouvinte. *Uma imagem bem-sucedida evoca reações que diferem de pessoa para pessoa; todavia, essa imagem submete-se a um certo padrão comum para todos*. Gata em Teto de Zinco Quente, portanto, contém uma imagem bem-sucedida.

Os títulos falam muito. Se você não sabe nada sobre gaivotas e patos selvagens, faça uma pesquisa antes de ler *A Gaivota* (*The Seagull*) de Anton Tchékhov, ou *O Pato Selvagem* (*The Wild Duck*) de Henrik Ibsen. Às vezes, os escritores quebram a cabeça, dias e meses, para saber que título dar à peça. Em geral, as palavras que compõem o título são as mais cuidadosamente escolhidas da peça. *Se o título contém uma imagem, descubra suas implicações e o modo como elas evocam a forma e/ou a natureza da peça.*

Em alguns lares, anos atrás, em uma certa hora da tarde ou da noite, toda atividade se interrompia e a atenção se concentrava nas crianças. Contavam-se histórias, jogava-se, serviam-se leite e bolinhos. Era a hora dos mais novos: um tempo bom, saudável, e inocente. Henry Wadsworth Longfellow escreveu sobre ele:

> Ouço, no quarto lá de cima
> O ruído de pequeninos pés,
> O som de uma porta que se abre,
> E vozes brandas e suaves.

> De seu escritório, à luz de lampião, vejo,
> Descendo a larga escada do vestíbulo,
> A séria Alice, e a risonha Allegra,
> E Edith de cabelos doirados.

Um sussurro, e depois um silêncio:
Mas eu percebo em seus olhos felizes
Que elas tramam e juntas almejam
Apanhar-me, a mim, de surpresa*.

Lillian Hellman, uma dramaturga americana, escolheu a reação que esse tempo evoca, para criar um título de uma ironia espantosa: *The Children's Hour* (*A Hora das Crianças*, no Brasil *A Calúnia*).

Não ignore o título, ele pode ser sua chave para entender o texto: *Fim de Jogo* (*Endgame*); *Arsênico e Alfazema* (*Arsenic and Old Lace*), *Cinzas* (*Ashes*), *Um Gosto de Mel* (*A Taste of Honey*), *A Festa de Aniversário* (*The Birthday Party*), *A Tempestade* (*The Tempest*), e outros, e outros, e outros.

Repetição de Imagens

As imagens que não aparecem no título são igualmente importantes; e para obterem significação maior, são repetidas ao longo do texto. *Jamais subestime o poder das imagens repetidas*. A lua não aparece no título de *Sonho de uma Noite de Verão* (embora "noite de verão" possa evocá-la); entretanto, a referência à lua ocorre, a cada passo da peça, das primeiras palavras à última. No Ato v, uma personagem até personifica a lua. A lua está sempre presente, mas por quê? O que pode esta imagem revelar sobre a ação da peça?

Com uma imagem de tal modo ampliada, a resposta não é imediata. Mas comece, digamos, por uma qualidade óbvia:

---

* I hear in the chamber above me/ The patter of little feet,/ The sound of a door that is opened,/ And voices soft and sweet. // From my study I see in the lamplight,/ Descending the broad hall stair,/ Grave Alice, and laughing Allegra,/ And Edith with golden hair. // A whisper, and then a silence:/ Yet I know by their merry eyes / They are plotting and planning together/ To take me by surprise. (N. da T.)

qual a natureza da luz da lua? É irradiante, esparsa, iluminando tudo, como a luz do sol? Aquece e traz bem-estar como a do sol? É amarela? Não, nenhuma dessas. A luz lunar é definida e direta, láctea, delineia sombras estranhas. Não revela como o sol as verdadeiras formas, mas faz com que as coisas pareçam diferentes do que são à luz do dia. O luar é frio, ameaçador na sua beleza distante, encanta e amedronta. Não é como a luz do sol, não é amarelo. A imagem da lua evoca (pela natureza de sua luz estranha sobre formas que se alteram) ilusão, mudança, forma e natureza indefinidas – e muito mais.

Isso é apenas o começo de tudo o que é evocado pela imagística da lua: romance, mistério, magia, temor, distanciamento, insanidade – e ainda mais. Quanto mais você absorver daquilo que a imagística da lua evoca, mais você compreenderá dessa peça, em que a lua está tão generosa e intrincadamente entrelaçada. Leia a peça e anote todas as referências sobre a lua, uma por uma. Depois, verifique como essas referências introduzem uma série de elementos ricos e evocativos, aos quais, cada um de nós, individualmente, reage a seu modo.

O leitor limitado não percebe a lua; é essa a razão por que, durante a maior parte da peça, permanece no escuro. A encenação de *Sonho de uma Noite de Verão* feita por um leitor desses só pode ser, portanto, teatro limitado, inexpressivo. *Sonho de uma Noite de Verão* é como um dia sem sol – ou como estar perdido entre estrelas, sem as estrelas.

Tanto as maiores – como a lua de *Sonho de uma Noite de Verão* – quanto as menores ("que a tinta do escritor é suco de uva e não a vinha"), as imagens expandem a comunicação para além de seus limites. As imagens transmitem aquilo a que podemos reagir, emocional e intelectualmente; as imagens evocam associações bem além do factual e do conceptual; as imagens proporcionam comunicação pessoal, individual, porque cada um reage de forma diferente, de modo inigualado. As imagens não são ornamentos; são os sólidos tijolos de uma firme construção.

ENFOQUE: *Uma imagem é o emprego de algo que conhecemos, com o objetivo de nos mostrar o que não conhecemos. "Marvin anda como um camelo", o que não conhecemos (como Marvin anda) é descrito pelo que conhecemos (como um camelo anda). Em vez de definirem e limitarem, as imagens evocam e expandem. Elas evocam associações que não são precisamente as mesmas de um espectador para outro: proporcionam, pois, uma modalidade de comunicação caracteristicamente pessoal.*

12. TEMA

E este fraco e humilde tema
Que nada mais contém do que um sonho.

Sonho de uma Noite de Verão, 5.1.434-435

Ambição, vingança, amor, destino, ganância, ciúme, relação pai/filho, justiça, fé e outros mais – são todos conceitos abstratos.

O tema é um conceito abstrato em torno do qual gira uma parte da peça ou a peça toda. Muitos escritores relutam em discutir o *tema*. Pergunte a dramaturgos em torno de que giram suas peças e eles responderão: "Em torno de duas horas e meia". O tema é uma abstração. Quanto aos escritores, estão interessados no concreto, e podem tornar-se hostis a perguntas sobre temas. Incontáveis jovens leitores vêm sendo atormentados, irritados com a poesia e com o drama porque os professores têm ensinado que o objetivo da leitura de um poema ou de uma peça é descobrir seu "significado", como se fosse um quebra-cabeças ou um código a ser solucionado, como se a expressão poética ou dramática fosse um obstáculo a ser transposto. No entanto, como Archibald MacLeish – um homem que deve saber – afirma em *Ars Poetica*:

> Um poema não deveria significar
> Mas ser.

A busca do tema de uma peça ou de um poema, não tem sentido se visar a descobrir o que a obra significa. Uma peça não significa coisa alguma. Uma peça *é*. A expressão artística é significativa em si mesma e por si mesma. Não traduz, não decodifica, não decifra, nem controla coisa alguma que não seja ela mesma.

Alguns elementos de uma peça podem ser tópicos abstratos, que dela emergem ou que são importantes para a ação. Um tema de *Hamlet* é a vingança. Isso não significa que o objetivo da peça seja estudar, ou examinar, ou explorar a vingança. Significa, apenas, que a vingança é um conceito abstrato que se torna concreto pela ação da peça.

Macbeth não é um estudo sobre a ambição. É uma peça em que um dos temas é a ambição. Outro tema é o poder; outro, a culpa. Há outros mais.

Rei Lear tem temas sobre o poder, sobre as relações pai/filho, sobre a loucura e muitos mais. Dizer que Shakespeare concentra sua atenção principalmente em um deles, é admitir que, na peça, se dilui a força dos outros.

Se um escritor é dotado de ampla visão e de grande profundidade, os temas assomarão importantes. Se não, o tema não será uma fonte estimuladora para o pensamento, para a reflexão, para o envolvimento emocional: o tema será meramente tópico.

Seja qual for o caso: *o tema não é o que a peça significa; nem é a expressão do tema o "objetivo" da peça.*

Um erro comum, e grave, consiste em buscar o tema, antes de mais nada, ignorando outros elementos de importância maior e mais imediata. Os temas de *Rei Lear* não podem sequer ser cogitados, antes de o enredo estar claro. Se você não examinar a exposição, nas sete primeiras linhas, você poderá pensar que a Cena 1 apresenta um certame para estabelecer a divisão do reino, e esse erro irá ofuscar os verdadeiros temas da peça toda (ver Cap. 8).

O tema é um *resultado*. Procure-o *no fim*. Primeiro, analise a ação com cuidado, a caracterização, as imagens e outros componentes. Aí então o tema surgirá manifestamente claro, quase por si mesmo. Se você simplesmente refletir sobre a motivação que impele Hamlet, depois que o Fantasma lhe relatou sua terrível história, no Ato I, Cena 5, não pode ignorar o tema da vingança. Ele emerge por si mesmo.

O tema não pode ser imposto *a priori*. Se seu teatro se vê obrigado a esclarecer os temas aos espectadores, nas paredes da sala de espera ou nas páginas do programa, então você deve ter falhado em fazer da peça uma obra que funciona em cena. Nada há de errado nos pequenos corações da capa do programa de *Trabalhos de Amor Perdidos*, ou nos relógios sem ponteiros em *Esperando Godot*, ou nas bengalas brancas para *Édipo-Rei* – mas, se você precisar desses recursos para fazer com que o público saiba do que trata a peça, pode ter certeza de que os componentes da obra não estão todos no palco, lugar a que realmente pertencem.

Enquanto você estiver fazendo sua leitura analítica, elabore uma pequena lista de temas. Algumas peças têm vários, embora nem todos sejam da mesma importância. A lista será seu guia aos conceitos abstratos de que trata a peça – mas não se deixe enredar neles. No afã de chegar ao tema, não provoque um curto-circuito na caminhada da obra de arte, ignorando-lhe a essência para chegar ao tema, verrumando-a como se ela fosse uma carapaça, uma barreira a ser eliminada entre o público e a peça encenada. O tema é comunicado *pela* teatralidade, e não a despeito dela.

E não transforme o drama em filosofia. Não há uma única ideia em *Hamlet* ou em *Édipo-Rei*, que um estudante de curso secundário, sem ser extremamente brilhante, não possa entender por completo. Projetar suas próprias (ou tomadas por empréstimo) e elaboradas cogitações na profunda simplicidade das grandes peças, pode dar-lhe prazer, mas não o fará a muitos outros.

Se você conseguiu "encontrar" um tema que não tenha sido expresso, por meio da ação ou de outros componentes *teatrais* importantes, provavelmente esse tema nem sequer se encontra na peça. No entanto, sem se intimidarem com essa não existência, pessoas há que tentam expressar temas como esse em suas produções. A peça é desvirtuada pela imposição indevida de um tema não inerente nos tijolos fundamentais da construção dramática, tijolos que têm sido o assunto principal deste livro.

O tema só pode ser definido pelos elementos teatralmente específicos: ação, personagem, imagem e outros. Ocultas sutilezas ou adições periféricas do leitor raramente transpõem as luzes da ribalta sem interferir com a peça. Esse parece um ponto extremamente difícil para os jovens e entusiastas diretores (e alguns não tão jovens), que facilmente se deixam cair na tentação de "colar" temas "interessantes" em peças, sem que haja uma evidência definida e nada sutil.

Os temas devem emergir da peça. E o farão, se lhes for dada a oportunidade. As coisas não funcionam ao inverso.

ENFOQUE: *O tema é um conceito abstrato que se torna concreto pela ação da peça. O tema não é significado: é um tópico na peça. O tema é um produto: emerge das ações do texto: examine, pois, a peça em busca do tema, depois que você estiver totalmente familiarizado com os elementos construtivos da peça.*

TERCEIRA PARTE –
SEGREDOS E TRUQUES DO OFÍCIO

13. INFORMAÇÃO CONTEXTUAL (*BACKGROUND*)

Todo tipo de informação de que se puder dispor é útil; informações extrínsecas à obra: sobre o autor, sobre a época, sobre o contexto cultural de que o texto emergiu, e assim por diante. As informações mais proveitosas provêm das outras obras do mesmo autor. Por exemplo, se você está encenando *O Mercador de Veneza* sem se ter familiarizado com as outras obras de Shakespeare, com certeza não captará a relação de Belmont com Veneza. Entretanto, a relação é óbvia, relação que você deve ter visto sob outras formas em: *Como Quiserdes, Sonho de uma Noite de Verão, A Tempestade, Os Dois Cavalheiros de Verona* – peças que atestam o todo da carreira de Shakespeare.

Se você pretende encenar *Ratos e Homens* de John Steinbeck, uma armadilha o aguarda: fazer da mulher de Curley uma prostituta leviana (tal como é vista pelos homens do alojamento). Quantos homens de pouca leitura, tão insensíveis quanto esses trabalhadores rurais, não arrastaram para essa armadilha atrizes igualmente sem cultura, confiantes, mas constrangidas! Leia alguns romances de Steinbeck e descubra a humanidade de sua percepção, porque ela é fundamental em todas as suas obras. A mulher de Curley não é uma prostituta desordeira, mercadejando-se em montes de feno. Ela se sente só, procura por companhia, e o faz pelo único meio que conhece.

Se você é um artista, e aprecia a excelência e a integridade, a honestidade, leia tudo que seu autor houver escrito. Não deixe pedra sobre pedra, revolva tudo, nunca se sabe que tesouro de compreensão se esconde sob elas. É um trabalho árduo, mas ninguém aponta um revólver para sua cabeça, obrigando-o a fazê-lo. Mas, por que, deliberadamente, tender à mediocridade, fugindo ao esforço, sendo "eficiente" e esperto?

14. CONFIANDO NO DRAMATURGO

Presuma que o que está num texto, está aí intencionalmente. Presuma que o escritor sabia o que ele, ou ela, estava fazendo. Se você acredita no texto, o bastante para encená-lo, confie em seu autor. Se você fizer alterações ou supressões, quando encontrar uma dificuldade, poderá estar perdendo algo importante.

Setenta e cinco versos de *Hamlet* são frequentemente cortados porque parecem irrelevantes. Acautele-se: desconfie daquilo que "parece". Presuma que Shakespeare sabia aonde queria chegar. A parte que frequentemente é cortada, vem logo depois do relato do Fantasma (Ato I, Cena 5) sobre seu próprio assassínio; refere-se às instruções de Polônio a Reinaldo que está prestes a viajar para Paris, com a incumbência de vigiar Laerte (Ato II, Cena 1).

Inúmeros diretores, antes de tentar descobrir o ponto essencial dessa parte, desistem com mais facilidade do que se poderia esperar. Talvez, já que Reinaldo não aparece mais na peça, eles presumam que Shakespeare haja escrito essa parte para um de seus amigos sem trabalho, a quem devia um favor. O fato é que a parte é suprimida da encenação. As consequências desse corte são graves.

Sem essa parte, Polônio não passa de um velho tolo, titubeante e inofensivo. Na verdade, a maioria dos espectadores – não lhes sendo dada a oportunidade de verificar a significação do papel de Reinaldo – ficam convencidos de que Polônio é um titubeante tolo. Acontece, porém, que aqueles setenta e cinco versos revelam-no como um experiente e insensível espião. É sagaz e inteligente; e, embora possa de vez em quando exprimir-se confusamente, é uma força a ser considerada e utilizada.

Hamlet mata a Polônio acidentalmente. Teria ele morto um velho inofensivo e tolo ou um agente de inteligência maquinadora? Se matou apenas um velho tolo, a reação do público em relação a Hamlet se desarticulará violentamente; sobretudo quando Hamlet se põe a escarnecer do assassínio.

Existem razões legítimas para alterar ou cortar um texto. Mas, certifique-se de que a falha não é sua. Para certificar-se do perigo de um corte impensado, descubra a relevância da *espionagem* em *Hamlet*. Procure todos os exemplos, instâncias de espionagem. Poucos leitores a percebem, mesmo que seja uma das atividades mais comuns da peça. Quase todos espionam – até o Fantasma. Portanto, pense duas vezes antes de cortar aqueles setenta e cinco versos. É possível que eles tenham mais a ver com a peça do que você.

15. FAMÍLIAS

Costumes, estilos, gostos, política, leis, e quase tudo mais, mudam de época para época, de período para período. Há, porém, algo que conhecemos intimamente e que pouco muda: as relações entre os membros de uma família. A qualquer pessoa que tenha crescido num meio que, remotamente, se pareça com uma família, é-lhe muito fácil compreender as relações humanas em quase todas as peças; basta-lhe, apenas, dar-se ao trabalho de examinar as normais, familiares forças de *família* envolvidas.

Em um nível muito importante, *Hamlet* trata de um filho, um pai, uma mãe, uma mulher amada, um tio. *Rei Lear*, de um pai e suas três filhas; de um outro pai e seus dois filhos. Traga para a peça tudo o que você conhece de sua própria experiência com pais, filhos, mães, filhas; assim, terá à mão, em casa, para si mesmo, a mais importante dinâmica de uma peça. O que você conhece sobre a ética e a moralidade da Antiguidade Clássica Grega não é mais útil para uma peça como *Édipo-Rei* do que aquilo que você sabe sobre o amor de um marido por sua mulher e o amor de um filho por sua mãe e por seu pai.

A mesma coisa é válida para o público. Um público tem mais facilidade, está mais apto a compreender as relações entre os membros de uma família, muito mais do que quase todos os tipos de comportamento humano. Se *Rei Lear* tratasse *apenas* de um rei e de três princesas, teria uma diminuta relevância para o público.

As relações familiares estão, praticamente, no centro de quase todas as peças. Não ignore esses extraordinários meios para compreender a peça e para fazer com que o público possa neles concentrar sua atenção.

16. EFEITO GENERALIZADO – TOM, ATMOSFERA

Frequentemente, os cenógrafos procuram estudar e estabelecer a "atmosfera"; talvez porque devam ajudar a criar o tom (*mood*).

Na realidade, nada, ou quase nada, pode ser pior. Uma peça é como a vida, compõe-se de elementos específicos. A atmosfera é um *efeito* generalizado, uma *consequência* desses elementos específicos. Encontre-os e a atmosfera emergirá. Comece pela atmosfera e os elementos específicos ficarão completamente enterrados.

Soletre *mood* de trás para diante*.

As quatro horas de um Hamlet melancólico, deprimido, provêm da busca do tom e da atmosfera. Não há espectador que deseje aborrecer-se, nem em nome da arte.

---

* Sem tradução. *Mood* de trás para diante = *doom*; *doom* = ruína, destruição, perdição, condenação, sentença, morte. (N. da T.)

17. O FATOR ÚNICO

Os dramaturgos raramente criam pessoas que apenas vivem um dia a mais em sua vida. Em geral (mas não sempre), logo no início da peça surge alguma coisa que está fora dos padrões rotineiros e que determina um novo caminho, diverso do costumeiro, uma mudança de direção dos eventos, que passa a ser seguida pelo resto da peça.

Em *Hamlet*, o fator único é facilmente reconhecido: aparece um fantasma que jamais havia antes aparecido, e isso desencadeia uma série de eventos que jamais haviam antes acontecido. Em *Édipo-Rei*, a peste, pela primeira vez, se torna insuportável. O fator único de *Tartufo*, porém, não é tão óbvio. Não é a presença de Tartufo, porque ele estava em casa desde o começo. É algo específico que Tartufo faz, num tempo específico: você precisa descobrir o quê. Em *Esperando Godot*, o fator único é sutil e dificilmente aparente – mas está lá. O diretor que não conseguir encontrá-lo não será capaz de encenar o Ato II, diferentemente do Ato I.

Por vezes, o fator único é uma combinação de elementos; às vezes é o efeito "última gota" – algo que continuava ali, desde o começo, mas de repente ultrapassou o limite.

O fator único está geralmente ligado à intrusão que rompe a estase (Cap. 4). Às vezes, os dois são a mesma coisa (como em *Hamlet*), mas nem sempre. O fator único de *Rei Lear* é o fato de Lear jamais ter dividido antes o reino – mas a intrusão é a recusa de Cordélia em dizer algo mais que "Nada, meu Senhor".

O fator único revela por que os eventos de uma peça ocorrem num determinado dia, em vez de no dia anterior, ou na semana anterior, ou no ano seguinte. Ele torna a ação da peça específica no tempo.

O que faz com que a vida real pareça real é a consciência que sempre temos da especificidade do momento presente. Mesmo quando estamos engajados nas mais terrenas das atividades rotineiras, geralmente mantemos bem clara a distinção entre o momento presente e os outros momentos. *Os seres humanos concentram-se no "agora".* Essa mesma característica do "agora" específico deve ser parte da vida retratada no palco, do contrário parecerá incompleta, vaga, genérica, irreal. Saiba o que torna a vida da peça específica no tempo, por que a ação é única.

18. MUDANÇA DE ÉPOCAS

Os dramaturgos – mesmo os maiores – não escrevem para a eternidade. Escrevem para públicos específicos, de seu tempo específico. Algumas peças mantêm sua teatralidade para públicos de períodos ulteriores; mas quando uma peça é levada para um público diverso daquele para o qual ela havia sido escrita, surgem problemas especiais.

Por exemplo, os americanos do século XX aprendem, leem, em geral, que *Hamlet* é uma peça a respeito da Inglaterra elisabetana, com personagens (vestidos com roupas elisabetanas), comportando-se como se fossem ingleses. Acontece, porém, que Shakespeare situou a peça na Dinamarca, sabendo que seu público da Londres de 1601 nutria sobre os dinamarqueses pensamentos e sentimentos específicos. Os americanos de hoje não compartilham esses pensamentos e esses sentimentos; nem mesmo se apercebem deles.

Em 1601, os londrinos de Shakespeare tinham razão em considerar a Dinamarca um lugar terrível, habitado por pessoas belicosas e hostis, selvagens sanguinários. Os londrinos sabiam que, alguns séculos antes, os dinamarqueses haviam subido o Tâmisa e incendiado a Ponte de Londres (London Bridge) – daí a canção de ninar: *A Ponte de Londres Está Caindo*. E mesmo no século XVI, dinamarqueses desembarcavam, frequentemente, nas praias da Inglaterra para atacar cidades isoladas – matando, violentando, saqueando – antes de voltar ao mar e desaparecer. Para os elisabetanos, a Dinamarca significava destruição, brutalidade primitiva, terror.

No meio de tal mundo, Shakespeare colocou Hamlet. Um importante conflito da peça torna-se claro: um *homem* de introspecção e de reconhecida capacidade intelectual contra uma *sociedade* de brutalidade impulsiva e arbitrária. Esse conflito esclarece, parcialmente, a "inabilidade" de Hamlet para agir; e não há necessidade de recorrer a modernas teorias psicológicas sobre melancolia que debilite o príncipe.

Pode ser coincidência que ninguém tenha pensado em um Hamlet incapaz de ação a não ser cem anos depois que a peça foi apresentada, pela primeira vez – exatamente, pela mesma época em que, para os ingleses, a concepção de uma Dinamarca brutal e sanguinária começava a desaparecer.

No estudo de quaisquer peças, localizadas em tempo e em lugar diferentes dos seus, *considere o que o público de então pensava e sentia sobre o mundo nelas retratado*. Às vezes, isso pode obrigar a incontáveis pesquisas, mas os resultados compensarão o esforço.

Não confunda o mundo da peça (a Dinamarca, por exemplo) com o mundo em que a peça foi encenada pela primeira vez (Londres, 1601). Quase sempre, pouco têm em comum; frequentemente, são opostos. *Édipo-Rei* não foi localizada na imponente, civilizada, clássica Atenas. O cenário não devia ser, simétrica e arquiteturalmente, puro e equilibrado; seus figurinos não deviam refletir a época áurea da Grécia do século V a.C. *Édipo-Rei* não se insere na culta civilização ática. Sófocles colocou a peça em Tebas – *muito tempo antes do século V*. O público ateniense de Sófocles via a primitiva

Tebas de modo especial: como um primitivo remanescente de uma época há muito tempo decorrida, e também, não tão esclarecida como a Atenas "moderna". A diferença entre Atenas e a Tebas primitiva pode ajudar a esclarecer a ação da peça inteira.

Como se pode facilmente depreender, as produções modernas podem ser obrigadas a não poupar esforços, aqueles que nas encenações originais eram desnecessários. É possível que tenhamos de ajudar o público a "ver" como era a Tebas primitiva, enquanto os atenienses já sabiam. É aí que as roupas adequadas e o cenário podem proporcionar os fundamentos de uma encenação genuína e autêntica.

A reação do público ao mundo da peça não costuma ser a mesma, através dos tempos. Descubra que mudança ocorreu e ajuste-se a ela, ou você pode perder completamente a peça. O que podia mais emascular Hamlet que metê-lo à força no seio de uma refinada corte real inglesa? E, no entanto, a encenação de Shakespeare devia ter sido inglesa, porque seu público trazia consigo a consciência viva e vibrante da índole dos dinamarqueses. Não é o que acontece com o nosso público.

19. CLÍMAX

Em algum ponto mais avançado da peça, as mais importantes forças de conflito devem-se defrontar. Essa derradeira disputa resulta na restauração de um equilíbrio – seja o equilíbrio que deu início a peça, seja um novo equilíbrio.

Muitos leitores consideram-no útil para a percepção da forma inteira da peça – como uma elevação gradual, passo a passo, da intensidade, em direção ao choque, isto é, ao *clímax*, seguido de uma rápida queda da intensidade, durante a estase final.

20. COMEÇOS / FINS

O fim de toda peça (os momentos entre o clímax e a cortina final) poderia ser o começo de uma nova – porque é uma estase e a estase marca o começo de uma peça. De modo semelhante, o começo de uma poderia ser o fim da outra. É fácil imaginar uma peça que poderia terminar na estase que dá início a *Hamlet*. O final de *Édipo-Rei* é, na realidade, bastante parecido com o começo de uma peça que Sófocles escreveu, anos mais tarde.

Um leitor atilado deve poder imaginar o que a peça deve ter sido, para que chegasse ao início da peça em estudo. Deve-se cogitar também da que se seguirá à estase final. Isso ajuda a esclarecer a ação da peça em estudo na mais ampla extensão de seu universo, e não apenas como uma série isolada de eventos.

21. RELEITURAS

Uma única leitura da peça nem chega a arranhar sua superfície. Agora que você começa a compreender as técnicas analíticas da leitura de um texto, já tem condições de saber que, *para começar*, várias leituras são imprescindíveis. Jamais se atire ao primeiro ensaio, ou a uma reunião com o figurinista e o cenógrafo, tendo feito apenas uma ou duas leituras da peça. Isso é como querer aprender a dirigir no gelo, quando já está sendo arrastado na direção de um penhasco.

As palavras de um texto destinam-se a ser faladas, e alto. Antes do primeiro ensaio ou de uma reunião, leia a peça toda para si mesmo, em voz alta.

22. E O QUE VEM DEPOIS?

Obtida uma noção detalhada, trabalhada do texto, por meio das técnicas de leitura analítica, o que deve ser feito?

Reúna tudo aquilo que você descobriu lendo; e então, use seus conhecimentos, experiências e artes de teatro, meticulosamente aprendidos, para transmitir ao público o que foi descoberto. Um cenógrafo, cuja cuidadosa leitura de *Rei Lear* revela que a primeira cena não é um certame, um teste, mas antes uma exibição pública, está preparado para imaginar com o que se assemelha o lugar da exibição e o que os exibidores devem usar. Um ator que faz o Fantasma no Ato I, Cena 5, de *Hamlet* sabe que pode seriamente sair-se mal, porque tanto Hamlet como o público desejam desesperadamente saber o que o Fantasma tem a dizer e nisso concentram total atenção. Um diretor cuja análise técnica revela que a ação de *Édipo-Rei* foi desencadeada por uma peste se dará conta de que a peste termina assim que o assassino é descoberto. Desse modo, não fará uma interpretação errada da peça e – o que é mais importante – nem o público.

Se a sua leitura do texto for suficientemente boa para revelar as ferramentas, as armas, os métodos, as excelências (e as deficiências) que o dramaturgo expõe, então (e eu juro por meus fantasmas ancestrais, *só* então) você está pronto a pôr em prática seu treinamento teatral, suas artes aplicadas ao teatro, seu talento. E nesse sentido, qualquer outra sequência na análise do texto exclui você de seu maior aliado: o poder, a força do escritor cujo texto você admira o bastante para levar à cena.

Pense no texto como uma ferramenta. Antes de empunhá-la para ser usada, verifique bem onde é o cabo e onde é a lâmina – do contrário, você pode causar sua própria ruína.

Uma boa leitura vem em primeiro lugar. Leia para trás, leia para a frente. Leitores obtusos são os últimos a chegar.

TEATRO NA DEBATES

O Sentido e a Máscara
Gerd A. Bornheim (D008)
A Tragédia Grega
Albin Lesky (D032)
Maiakóvski e o Teatro de Vanguarda
Angelo Maria Ripellino (D042)
O Teatro e sua Realidade
Bernard Dort (D127)
Semiologia do Teatro
J. Guinsburg, J. T. Coelho Netto e Reni C. Cardoso (orgs.) (D138)
Teatro Moderno
Anatol Rosenfeld (D153)
O Teatro Ontem e Hoje
Célia Berrettini (D166)
Oficina: Do Teatro ao Te-Ato
Armando Sérgio da Silva (D175)
O Mito e o Herói no Moderno Teatro Brasileiro
Anatol Rosenfeld (D179)
Natureza e Sentido da Improvisação Teatral
Sandra Chacra (D183)
Jogos Teatrais
Ingrid D. Koudela (D189)

Stanislávski e o Teatro de
Arte de Moscou
  J. Guinsburg (D192)
O Teatro Épico
  Anatol Rosenfeld (D193)
Exercício Findo
  Décio de Almeida Prado (D199)
O Teatro Brasileiro Moderno
  Décio de Almeida Prado (D211)
Qorpo-Santo: Surrealismo ou Absurdo?
  Eudinyr Fraga (D212)
Performance como Linguagem
  Renato Cohen (D219)
Grupo Macunaíma: Carnavalização e Mito
  David George (D230)
Bunraku: Um Teatro de Bonecos
  Sakae M. Giroux e Tae Suzuki (D241)
No Reino da Desigualdade
  Maria Lúcia de Souza B. Pupo (D244)
A Arte do Ator
  Richard Boleslavski (D246)
Um Vôo Brechtiano
  Ingrid D. Koudela (D248)
Prismas do Teatro
  Anatol Rosenfeld (D256)
Teatro de Anchieta a Alencar
  Décio de Almeida Prado (D261)
A Cena em Sombras
  Leda Maria Martins (D267)
Texto e Jogo
  Ingrid D. Koudela (D271)
O Drama Romântico Brasileiro
  Décio de Almeida Prado (D273)

Para Trás e Para Frente
David Ball (D278)
Brecht na Pós-Modernidade
Ingrid D. Koudela (D281)
O Teatro É Necessário?
Denis Guénoun (D298)
O Teatro do Corpo Manifesto: Teatro Físico
Lúcia Romano (D301)
O Melodrama
Jean-Marie Thomasseau (D303)
Teatro com Meninos e Meninas de Rua
Marcia Pompeo Nogueira (D312)
O Pós-Dramático: Um conceito Operativo?
J. Guinsburg e Sílvia Fernandes (orgs.) (D314)
Contar Histórias com o Jogo Teatral
Alessandra Ancona de Faria (D323)
Teatro no Brasil
Ruggero Jacobbi (D327)
40 Questões Para um Papel
Jurij Alschitz (D328)
Teatro Brasileiro: Ideias de uma História
J. Guinsburg e Rosangela Patriota (D329)
Dramaturgia: A Construção da Personagem
Renata Pallottini (D330)
Caminhante, Não Há Caminho. Só Rastros
Ana Cristina Colla (D331)
Ensaios de Atuação
Renato Ferracini (D332)
A Vertical do Papel
Jurij Alschitz (D333)
Máscara e Personagem: O Judeu no Teatro Brasileiro
Maria Augusta de Toledo Bergerman (D334)
Teatro em Crise
Anatol Rosenfeld (D336)

Este livro foi impresso na cidade de Cotia,
nas oficinas da Meta Brasil,
para a Editora Perspectiva